浙江省家级质文化遗产

东阳竹编

代表性传承人口述史丛书

《何福礼》卷

艺 主编

许林田 编著

浙江摄影出版社
全国百佳图书出版单位

百年好合

**浙江省国家级非物质文化遗产
代表性传承人口述史丛书编委会**

主　　任：陈广胜
副 主 任：储晓焱
编　　委：柯金锋　张　雁　赵利明　吴莘超
　　　　　郭　艺　林青松　吴延飞　祝汉明
主　　编：郭　艺
副 主 编：薛益泉
执行副主编：郑金开
编　　审：陈顺水　林　敏

序　言

　　国家级非物质文化遗产代表性传承人抢救性记录是新时期非物质文化遗产保护的一项重要工作。自 2015 年起，国家级非物质文化遗产代表性传承人抢救性记录工程全面启动，针对非物质文化遗产代表性传承人，采用数字化多媒体等现代信息技术手段，进行人物访谈、传承实践、带徒教学的全方位记录，并对已有文献资料进行搜集，建立传承人专项数据库，将记录成果编纂成书。

　　国家级非物质文化遗产代表性传承人掌握着丰富的知识与精湛的技艺，是历史文化的重要承载者和传递者。代表性传承人所承载的精湛技艺、实践经验、文化记忆和传承能力，是非物质文化遗产传承发展的核心内容与动力来源。由于代表性传承人在非物质文化遗产传承中的核心作用与不可替代性，加之国家级代表性传承人普遍年事已高，对他们及其技艺的记录任务尤为紧迫。全面、真实、系统地记录国家级非物质文化遗产代表性传承人掌握的知识和技艺，不仅可保留中华优秀传统文化基因，也为后人研究、宣传、利用非物质文化遗产留下宝贵资料，对传承和弘扬传统文化、构建中华民族优秀传统文化传承体系具有重要意义，这是一项与时间赛跑的工作。

　　将抢救性记录中的口述访谈内容梳理转化成口述史，这是一项极为繁重的工作，不仅要保留口述真实的特点，还要强调语言文字的严谨。该套丛书是浙江在开展国家级非物质文化遗产代表性传承人抢救性记录工作的基础上，组织专家、专业人员撰写，在编纂过程中，既尊重传承人口述的真实性，又兼顾可读性，在不改变传承人原意的前提下对文字进行了部分调整。

　　该套丛书以传承人为单元，一人一书，单独成卷。从传承人第一人称口述的角度，记录国家级非物质文化遗产代表性传承人传承实践的丰富历程，讲述他们多彩的人生故事。该书还对传承人所属的项目进行介绍，从文化价值、存续状况、传承保护等方面叙述项目的基本情况，从生平事迹、学艺师承、授徒传承等角度阐述传承人的生平经历。丛书的重点定位在传承人的从艺经历、实践经验、传承状态等内容，此外，与传承人相关的人员分别从不同角度多层次地补充了传承人的经历。书中还附有传承人个人年表、文献图录等，提升了丛书的学术价值。

该套丛书由浙江省非物质文化遗产保护中心主持编纂，组织非物质文化遗产专家、文化学者、出版社编辑等讨论丛书的框架、体例、版式；丛书分卷作者用心编撰书稿，反复斟酌文字，不厌其烦地查阅资料、核对内容；代表性传承人及其家人也积极主动参与了丛书的编撰过程。各方的共同努力，终于促成了该套丛书的付梓。

我们相信，"浙江省国家级非物质文化遗产代表性传承人口述史丛书"能为非物质文化遗产保护工作者、研究者铺路搭桥，提供丰富、翔实、鲜活的第一手资料，同时也希望能让记录成果更好地发挥作用，让非物质文化遗产保护成果惠及大众，为社会共享。

丛书编委会

目 录

第一章　项目概况 / 001

001　一、地理人文
002　二、历史沿革
004　三、主要特点
006　四、存续状况

第二章　人物小传 / 008

第三章　口述访谈 / 011

011　一、15 岁跟叔叔学竹编
033　二、学一行钻一行爱一行
078　三、1989 年创办东风竹编厂
088　四、在故宫修文物就像是读了研究生一样
115　五、请进来走出去让非遗融入生活
118　六、学好手艺要做到"口勤脚勤手勤"
129　七、竹编创新要在结合上多下功夫

第四章　周边采访 / 156

　　156　一、故宫专家曹静楼访谈
　　159　二、何福礼大儿子何红亮访谈
　　165　三、何福礼小儿子何红兵访谈
　　169　四、何福礼孙子何凯舒访谈
　　178　五、学术专员许林田访谈

附　录 / 190

　　190　何福礼大事年表

参考文献 / 193

后　记 / 194

第一章 项目概况

一、地理人文

东阳市位于浙江省中部，金衢盆地东部，东临嵊州，南连永康，西邻义乌，北与诸暨接壤，面积1747平方千米，地形以丘陵和盆地为主。属亚热带季风气候区，气候温和，雨量充沛，四季分明，日照充足，年平均气温18℃，年平均降雨量1351毫米，境内东阳江、东阳南江横贯全境。

东汉献帝兴平二年（195），东阳建县，名吴宁，属会稽郡。三国吴宝鼎元年（266），分会稽郡西部置东阳郡。1988年，东阳撤县设市。

"三山夹两盆，两盆涵两江"是东阳地貌的基本特征。大盘山脉、会稽山脉在市境东北部汇合后，分中、南、北三条主脉由东向西

东阳城全貌

延伸，中、南主脉为大盘山分支，北条主脉为会稽山脉分支。中、北主脉之间（北乡）有东阳江盆地和北江，中、南主脉之间（南乡）有南江盆地和南江。总体上，东阳地势东高西低，以山区为主，有"八山半水分半田"之称。

东阳山多地少，加上旧时南北两江洪涝灾害频发，百姓为衣食愁苦，须要大力发展传统手工艺，故民间匠人众多。明末清初，东阳已呈现百工竞技、名师辈出的局面，被誉为"百工之乡"。

二、历史沿革

东阳竹编历史悠久，据东阳考古发掘证明，至迟在唐代早期，东阳竹编已在日常生活中得以广泛使用。1980年，在东阳歌山镇象塘夏楼村附近的小山丘发现始于唐代早期、终于南宋的歌山窑址。歌山窑址的窑基与窑床中，发现大量用于建造歌山窑的东阳竹编产品。据考证，在唐代早期建造歌山窑时，人们用东阳竹编在外围固定窑基泥坯。唐代歌山窑的发掘证明，在唐代早期，东阳竹编就已大量应用于生产领域。

到了宋代，竹编有了很大的发展。人们将竹篾编制、外蒙彩纸或绸布的马头和马尾分别绑在骑者的前腹和后腰，看上去犹如人骑在马上。骑者扬鞭催马，疾驰跳跃，动作灵动，热情奔放。传统东阳竹编有很大的一部分是动物题材，如马、牛、猪、狗、鸡、鸭、猴、大象等。

南宋时期，东阳竹编工艺达到了较高的技艺水平，东阳竹编除了编制日常生活器具以外，也为地方民俗节日制作竹编灯具，如元宵节的花灯、龙灯和走马灯。在东阳北部山区，民间至今流传着一个传说，说是南宋皇帝下旨，令浙江最负盛名的竹编艺人编制几样最拿手的竹编器物。东阳民间竹编艺人把精心编制的几件作品，献到了皇宫，其中有一件是精致的高脚盘，盘内装有几只寿桃，只只白里透红，流光溢彩，旁边还放着一只肥母鸡，金光油亮，令人垂涎欲滴。有个大臣发现盘内放着两个金元宝，觉得好奇，伸手去拿，谁知元宝带着盘被一起拿起来了，原来两个元宝也是用竹子编的，连在一起。这个传说表明东阳竹编工艺水平之高超。

明清时期，东阳竹编发展迅速，竹编工艺品的艺术性和实用性进一步结合，上至皇亲国戚、下至庶民百姓的竹编用具，比比皆是。明万历《金华府志》卷六"物产"条"竹之属"记载了当时金华府出的雷竹、金竹、水竹、石竹、淡竹、紫竹等。清康熙二十年《东阳新志》卷三"物产"条载："竹之类，适情十之一，利用十之三。深山居民，无田可耕，则治以为器，以卖钱求米，如门市，非是则不得食，又不止利用而已也。毛竹诸书多作猫，谓竹鼠不敢食其笋，或作器不敢咬。"

　　东阳竹编作为传统出口工艺品，始于民国四年（1915）。东阳传奇式的"竹编状元"马富进①编制的竹编产品体现了当时东阳竹编工艺的最高水平。1915年在"巴拿马万国博览会"上，马富进的提篮作品获得了中国竹编近代史上的首枚奖牌。1929年，马富进的竹编《魁星点斗》在西湖博览会上展出，其精湛的工艺，生动的造型，受到了当时人们的高度关注与极高评价，当年《西湖博览会总报告书》卷六对马富进的竹编作品进行了详细的介绍，文章说："一魁星独足立于鳌头之上，作活跃点斗之势，头部，耳、口、鼻俱全。四肢部，手指、脚趾分清……木雕人物，已不易完美，竹编人物妙到如此，诚所未见，竹制品中绝无可与伦比者。"同时，文章称："东阳许美辉所制的细篾篮，非常精致，亦是能人。"

　　中华人民共和国成立之后，东阳竹编进入新的发展时期。1952年10月，在浙江省文化局李自新、贺鸣声的指导和当地政府的支持下，邀请流散在全县各地的竹编艺人马正兴、张腾富、李天福、马大妹等十多人，在上湖乡楼店村成立了东阳县民间竹编小组，由马烈玉任组长，工场设于原上湖乡楼店村乐善庵，主要为北京工艺美术服务部制作元宝篮、六角提篮、八角提篮、菠萝罐、花瓶、宫灯和人物花鸟屏风等礼品。东阳县民间竹编小组的成立，标志着东阳竹编从走村串巷的个体工匠制作转向工厂化、商品化生产。1956年9月，民间竹编小组发展到二十多人，并改建成立东阳竹编生产合作社，马正兴任理事主任，社址设在横店湖头陆村。1958年10月，东阳竹编生产合作社与上湖、巍山的两个木雕厂合并成立了东阳木雕竹编工艺厂，共有职工九百余人，厂址设在卢宅村。1959年6月，中国工艺美术编委会主编的《中国工艺美术》一书，由中华全国手工业合作总社出版，该书"编织类"收录九件竹编艺术品，其中东阳竹编有四件，分别是六角提篮一只、圆竹篮一只、八角盒两只。中国工艺美术编委会

---

① 马富进（1860—1933），浙江省东阳市谷岱人。善融百艺入竹编。17岁自开作坊，出售篾丝书箱（考篮），常年供不应求。擅长劈篾，被同行誉为"天下头把篾刀"。所做竹编工艺品讲究装潢，雅致精美。

评价东阳竹编："浙江省东阳竹编，编工精细，品种繁多，有八角果盒、六角提篮，有的采用翻簧竹刻镶嵌方法，别具风格。除日用品外，还有陈设用的竹编屏风，利用竹篾在屏风上编织出山水、花鸟、人物等画面，典雅别致。"1959年12月，东阳木雕竹编工艺厂转为地方国营工厂，改名为"东阳工艺木雕厂"。1963年5月，企业改为集体所有制，改名为"东阳县木雕工艺厂"，内设竹编车间。

20世纪五六十年代，东阳（含磐安）有竹编生产加工点73个，每个乡镇都有竹编生产点。为扶植集体竹编生产，东阳木雕厂拿出数万元资金，鼓励乡镇加工点种植水竹及培训竹编业务骨干。从1958年东阳竹编并入木雕厂到1978年重新分设的二十年中，东阳竹编仅仅作为木雕工艺厂的业务内容之一，使得东阳竹编的生产和发展受到了较大的限制。

1978年，东阳县政府决定单独成立东阳竹编工艺厂，厂址设在东阳卢宅南山，周尧柱为首任厂长。1982年10月又迁至吴宁西路蝴蝶山新厂区，厂区占地面积28.1万平方米。1984年10月，东阳竹编工艺厂与浙江省工艺品进出口公司合资联营，成立浙江省工艺品进出口公司东阳县竹编联营总厂，徐经彬[①]任副董事长兼厂长。

20世纪80年代末，随着经济体制改革的深入发展，东阳竹编企业的改制全面推进，民营企业和个体经营发展生机勃勃，东阳竹编之花开遍东阳城乡，涌现了一大批竹编工艺能人和精品力作。

三、主要特点

东阳竹编种类繁多，实用性与观赏性完美结合：按表现形式可分为立体竹编与平面竹编两大类；按使用功能可分为以实用为主的器皿类、以欣赏为主的陈设欣赏类和建筑装饰三大类。具体可细分为人物、动物、仿古品、陈设品、农具、灯具、文具、花器、玩具、礼品盒、竹丝镶嵌、竹编书画等二十五大类的几千个花色品种。东阳竹编的主要特色：

一是题材丰富、地域特色鲜明。东阳竹编以日用器为主，在唐宋时期就十分兴盛，特别是日用的篮、筐、箕、帘、席、盒、笠之类

---

① 徐经彬，1939年生，东阳市大联镇文祥村人。14岁从父学艺，1954年进中央美术学院华东分院深造。潜心于东阳木雕与东阳竹编的造型设计，足迹遍布欧、美、亚、非众多国家和地区，阅历丰富、才思敏捷。1998年被浙江省人民政府授予"浙江省工艺美术大师"称号。

的竹制器具，现在仍然是东阳农村主要的生产生活用具。当代东阳竹编的精品创作多以构图简洁的人物、动物、民间故事为题材。其从花色品种到表现题材，都深深根植于东阳"三乡"民俗文化之中，同时又具有深厚的传统文化底蕴，如《魁星点斗》《三打白骨精》《伯乐相马》《麻姑献寿》《狮子滚绣球》《马踏飞燕》等民间题材作品，富有地域特色。

二是实用性与艺术性完美结合。由实用器演变而来的东阳竹编，是实用性与艺术性完美结合的典型。如东阳竹编代表作品《九龙壁》，既是艺术品又兼具实用功能；动物竹编《犀牛》，外观上是一只雄壮的犀牛，打开腹盖，就是一个日常实用的啤酒柜。东阳竹编一直以来以实用为基础，才能在时代的潮起潮落中生生不息。市场的需求和艺人的创作激情形成合力，把东阳竹编不断推向新的高度。

三是注重设计、造型美观。东阳竹编的代表精品《九龙壁》《渔翁》生动传神，自有其特定的天时、地利、人和的优势。首先得益于东阳悠久的历史和深厚的民俗文化底蕴。1995年，东阳被文化部评为"中国民间艺术之乡（东阳木雕与东阳竹编）"。其次是东阳竹编历代艺人都十分重视整体设计，强调立意在先。《九龙壁》创作历时一年，其中创意设计与图稿审定就用了七个月的时间。再次是东阳竹编与东阳木雕相互借鉴，相得益彰，特别是1958年到1978年东阳竹编并入木雕厂的二十年中，竹编与木雕同厂生产，在题材、品类、构图、造型等各方面都受到东阳木雕影响，把木雕工艺应用到竹编作品的框架配件上。最后是东阳独有的艺术人才梯队。东阳竹编不仅有何福礼、卢光华等中国工艺美术大师，而且有蔡平义、冯吉生等经过美院深造且能把美学雕塑理论运用到竹编工艺上的设计造型人才，还有徐经彬、姚正华等东阳木雕、东阳竹编两栖的大师，而且他们得以与陆光正、冯文土、吴初伟等国家级传承人、中国工艺美术大师切磋技艺，从而形成了东阳独特的东阳木雕与东阳竹编两朵民间艺术之花。

四是技艺精湛、生动传神。东阳竹编以立体编织为主，强调作品的整体感，与其他地区的竹编相比，用细竹编，以精细见长。如《九龙壁》的龙和云彩，在造型千变万化中，采用每寸一百五十根细如发丝的篾丝，运用多起头的技艺，做到对接不露篾。在长期的探索与实践中，逐步向竹丝超精细、编织高难度的方向发展，挑战编织极限，剖篾抽丝直至细如发丝，柔若蚕丝。篾丝形状多样，有圆形、方形、扁形、菱形等，根据作品要求来决定篾丝丰富多彩的外形。

四、存续状况

历史上,东阳竹编主要分布在东阳的南部与北部地区,以北部居多。20世纪60年代,东阳县竹编加工点有73个,每个乡镇都有分布。到了20世纪90年代,加工点锐减。之后,东阳境内几个大的集体竹编企业改制解体,一批从社会主义市场经济中摸爬滚打锻炼成长的民营竹编企业应运而生。它们或以动物器皿细竹编见长,或以平面中国书画竹编工艺品见长,或以江南民俗风情为竹艺精品题材,或以批量生产实用竹编工艺品为生,或采用新工艺制作竹编系列产品,可谓八仙过海、各显神通,还有一些分散在各乡(镇)、村,以家庭作坊为经营方式的个体户。主要企业有国家级非遗代表性传承人何福礼创办的东阳市东风竹编厂,省级非遗代表性传承人卢光华创办的东阳市竹工艺精品有限公司,省工艺美术大师蔡平义创办的竹编工作室,还有东阳市南天工艺品厂等。

在自给自足的农耕社会,东阳竹编传承主要是通过口传心授、拜师学艺,大多是基于血缘关系,既是师傅,又是父亲、叔伯等。一方面,东阳村落多为同氏族聚居,一旦一人成为行业内的竹编高手,往往先收同族同姓、近亲近邻的子女为弟子,通过这种方式,技艺得以代代相传;另一方面,因为血缘近亲传承,也容易导致技艺相互封锁,相互保密,这种传承方式,又成为东阳竹编发展的障碍。

随着社会的发展,科学技术的进步,人民生活水平的提高,还有生活方式的改变,竹编行业的艺人大多年龄偏大,学徒难招,后继人才短缺,不同程度上出现青黄不接的现象。

近年来,东阳市委、市政府和文化旅游主管部门重视传统工艺的传承与保护工作。一是相继出台了《东阳市工艺美术产业发展计划》《东阳市木雕竹编文化产业发展计划》《东阳市传统工艺美术保护实施细则》等一系列保护扶持传统工艺的政策措施,针对以木雕、竹编为主的传统工艺美术进行生产性保护,在土地、税收、金融、服务、市场等方面进行重点扶持。二是投资一千万元,建成东阳市工艺精品馆,内设木雕、竹编两大场馆,后该馆又迁入东阳木雕城,是财政拨款事业单位,主要负责东阳木雕、东阳竹编工艺精品的收藏、保存、展示、研究、学术交流等。展馆现位于木雕城,建筑面积5865平方米,设有东阳木雕馆、东阳竹编馆和综合功能区三大板块,其中东阳竹编展示面积1000平方米,馆藏精品240多件,馆内收藏"竹编状元"马富进的两件竹编精品,以及当代多位工艺美术大师、名师的《九龙壁》《渔翁》《香炉阁》等竹编精品。三是对参加国家、省、市举办的展览比赛的传承人和工艺大师给予摊位补贴。四是在艺海路、吴宁东路、卢宅街、中国木雕城建立工艺品专业市场。五是加大对东阳竹编和各级非遗传承人、工艺美术大师的宣传与推广，制作《东阳竹编夺天工》电视专题片。目前，东阳竹编已列入国家级非物质文化遗产代表性项目名录、浙江省重点保护的传统工艺美术品种。

第二章 人物小传

何福礼，男，1944年出生于浙江义乌，系第三批国家级非物质文化遗产项目东阳竹编代表性传承人、中国工艺美术大师、亚太地区竹工艺大师、高级工艺美术师。

1958年进入东阳竹编厂，跟随竹编名艺人马世富学习竹编工艺，积累了深厚的功底与丰富经验。历任东阳竹编厂车间主任、技术副厂长，东阳市竹编厂厂长，现任东风竹编厂董事长、艺术总监。

1983年，何福礼应邀赴澳大利亚墨尔本等地进行技艺展示与交流，他的竹编受到当地民众与媒体的关注，他被称为"把竹子变成大象的魔术师"。同年，主持长6.19米、高2.68米的大型竹编《九龙壁》的编制工作，采用150多种编织手法，其中独创"鳞形编织撮

何福礼在编制竹编

花""双条丝串藤细花龙""人字花纹分色龙"等编织技法。作品获得中国工艺美术百花奖金杯奖,并被列为国家工艺美术珍品。

1989年6月,创办了东风竹编厂。

1997年,为庆祝香港回归,精心制作了一条长2465米、龙身163节的竹编巨龙,在香港展演时,引起了轰动,时任香港特别行政区行政长官董建华亲自为巨龙开眼点睛,这一作品被列入竹编吉尼斯世界之最。

2003年12月,国际竹藤组织和中国竹产业协会授予何福礼"中国竹工艺大师"称号。

2005年,何福礼三次应考,攻克了竹丝镶嵌和在国内几近绝迹的"反簧"技艺难关。后又八次进京修缮故宫博物院中精美的建筑——乾隆皇帝御书房倦勤斋、符望阁等,使其恢复历史原貌。故宫博物院副院长晋宏逵称他为"故宫大修中内装修部分的试验者",认为其工艺"让人大开眼界";世界文化遗产基金会副总裁吴·亨利则称何福礼为"天才的艺术家"。当年何福礼修故宫,轰动一时,传为佳话,使其荣膺"感动金华"十佳之一的殊荣。

2008年,何福礼去希腊义务植树,并精心编制一对精致的东阳竹编《大熊猫》送给奥林匹亚市政府。

2011年4月,由文化部中外文化交流中心主办,中外首工美术馆、东阳市东风竹编工艺厂承办的"见证乾隆御书房的手工奇迹——

何福礼大师与外国竹编友人探讨竹工艺

中国竹工艺大师何福礼竹编精品展"在北京中外首工美术馆举办。作为何福礼大师从艺50年的成果展，展出的作品有《咏鹅图》《渔家乐》《竹丝白鹤鼎》《九狮图》《吉祥平安》等45件荣获国家、省级大奖的竹编精品，内容丰富，题材广泛，表现手法多样，再现了精湛的竹丝镶嵌、竹簧雕刻、翻簧等多种御用工艺，是中国当代竹编工艺的艺术盛宴。

何福礼的竹编代表作品有《香炉鼎》《渔翁》《海鸥》《咏鹅图》《大象》《哪吒闹海》《竹丝白鹤鼎》《八仙竹丝花篮》等，先后荣获中国工艺美术精品展金奖等国家级大奖。其中，《竹丝白鹤鼎》中白鹤昂首挺立，造型优美，鼎身飞檐叠翠、金碧辉煌，作品上下六层，采用双菱、菊花、穿藤、贴片等多种编织技法，该作品于2017年捐献给浙江省非物质文化遗产馆。其多件作品被故宫博物院、中国工艺美术馆、浙江省博物馆等多家博物馆和工艺美术馆收藏。

第三章 口述访谈

访谈时间：2018年11月20至21日
访谈地点：浙江省金华市东阳市树德南路48号何福礼大师工作室
受访者：何福礼
采访者：许林田

一、15岁跟叔叔学竹编

采访者：您是东阳竹编的国家级非遗代表性传承人，中国工艺美术大师，在东阳竹编行业有非常大的影响力，今天我们开始进行访谈。首先请您介绍一下您的基本情况。

何福礼：我叫何福礼，1944年11月出生在浙江义乌，我现在是国家级非物质文化遗产代表性传承人，是中国工艺美术大师，也是亚太竹工艺大师。

采访者：您在义乌出生的时候，家里的环境怎么样？比如有哪些家庭成员？您的父母和兄弟姐妹，他们具体做哪些工作？请您介绍一下。

何福礼：我出生在义乌东河[①]的一个贫困家庭，我生在旧社会，长在红旗下。但是我出身是比较贫苦的，因为我7岁没有了爸爸，14岁没有了妈妈，15岁就跟着马世富叔叔来到东阳学竹编了。

---

① 义乌东河：浙江省义乌市东河乡。

2018年11月，学术专员许林田对国家级非遗代表性传承人何福礼进行口述史访谈

采访者：您有几个兄弟姐妹？

何福礼： 我有一个哥哥，一个妹妹，哥哥妹妹都在家里务农，原来是比较贫困的，现在他们家里都有儿子女儿了，生活也比较好。

采访者：他们现在还在义乌吗？

何福礼： 在义乌，都在务农。我们村里在进行改造，房子弄得也很好，现在他们的房子也都是新的，真的应该说是享我们共产党的福了。

采访者：小时候，在你们当地农村有哪些让您印象深刻的风俗习惯？

何福礼： 我们义乌的地方风俗习惯就是，冬天家家户户加工生产红糖。我小的时候，还做过红糖。我只读了三年半的书，小学都没有毕业。由于家里比较贫寒，我靠割柴，做小工，来维持我们家的生活。

采访者：也帮家里做些家务活？

何福礼： 砍柴为主，一百斤卖三毛钱，要晒干燥，那个时候真的很苦。

采访者：当地是种什么菜？

何福礼： 主要种青菜、萝卜和九头菜，就是这些菜。

采访者：当地农民的经济收入来源是什么？

何福礼： 当时我们义乌人的经济收入主要是靠红糖。生活条件还是东阳更好一点，东阳的手工业发展比较快，比如竹编、木工、油漆和泥水（匠）等，我们义乌在这些方面都是没有的。大家要么念书，要么去当兵，还有些其他工作，现在叫公务员，弄点其他差事做做，在工艺美术方面跟东阳比相对弱一点。我从1958年就跟着马叔叔了。为什么叫叔叔？就是像爸爸一样，我爸爸在我七岁就过世了，马叔叔就是我的继父，他是东阳人，在我们义乌竹编做篾匠有点名气，农家活也做得很好，他没有老婆，这样等于像本家①一样，所以让我叫叔叔。十四岁没了妈妈，十五岁我跟他来学手艺了。叔叔是1958年带我先到楼店②。

采访者：楼店是在东阳？

何福礼： 东阳市湖溪镇楼店村，有个叫作东阳什么篾业社，也是

何福礼在东阳竹编厂与同事合影

---

① 本家：本家一般指本族人，大多同姓，后来因为同族人太多，本家之义慢慢发展为有血缘关系的本族人。这里指关系亲近像家人一样。
② 楼店：浙江省金华市东阳市湖溪镇楼店村。

做出口的，我是1958年来的，他们在1954年就组织了竹编篾业社，搞出口的，是浙江省文化厅组织起来的。我十五岁刚刚来学手艺，第一年只在楼店做了半年。东阳就有三个厂，一个是楼店篾业社，再一个是湖溪木雕厂，还有一个是木雕社，在巍山。后来，这三个厂合并起来，当年11月份移到了卢宅。移到卢宅以后，叫作东阳木雕竹编工艺厂，共有九百多人。

采访者：那么当时在东阳，这个厂算是规模大的厂了？
何福礼：嗯，最大的一个厂，国营厂里面是最大的了，有九百多人，十四个车间。

采访者：它主要是生产哪些产品？
何福礼：我们竹编主要是做那种面包篮，出口到德国、西班牙、澳大利亚等好多吃面包的（地方），盛面包的篮子全部都是竹子做的，在我们竹编车间里（完成）。木雕也销售到美国、意大利和法国，主要是以樟木箱为主的。

采访者：这种木箱用到的材料都是樟木？
何福礼：是香樟木做的。它外面不是香樟木，里面的体（内层）是香樟木，那时候在国内外都受欢迎，特别是香港和澳门地区都比较喜欢。当时的厂长叫万炳重，原来是法院的院长，他以前也搞过木雕，调到我们木雕厂当厂长。指导员是吴美伦，原来是巍山镇的指导员，指导员就和现在的书记一样。厂长经常上技术课，他说，你们当学徒的，要做到三勤：口勤、手勤、脚勤。口勤，就是要尊重老师或教授，多去问老师，喊老师；手勤，就是要经常做，不做了就会生疏，就像打拳一样的道理，功夫是靠练出来的；脚勤，就是你要走过去问，不是老师走过来问你，来教你，要主动一些。这个三勤做好了，那就更好了。还有一个，是让我们去看传统戏，如果今天去看《杨门女将》，就要求你今天要画出一些镜头，你画不好也要画，职工都要参加工会组织的考试。年纪轻的，是学徒，或者是学生。陆光

年轻时的何福礼

正①就是学生，我们属于学徒，要求不同的。

采访者：学徒和学生有什么区别？

何福礼：学徒和学生有个区别，学生是学校里考进来的，我们是老师傅带进来的。东阳第一期学生分为两个班，木雕班和竹编班。我们是1958年招进厂里，11月份转正，相当于我参加工作，是在5月份，那六个月在楼店就不算了，合并之后才算。我们上技术课比较

---

① 陆光正：全国首届中国工艺美术大师、东阳木雕国家级非遗代表性传承人。从艺60载，陆光正在木雕艺术领域孜孜以求，有贯穿多种雕刻技法、涉及各种题材的艺术珍品400多件，曾多次参加全国、国际性大展并获大奖，赢得国内外赞誉。不少佳作被中国工艺美术馆、中国历史博物馆、台湾南园及知名人士收藏，并被工艺美术行家们称为"国之瑰宝"。

严格,一个月基本上要考一次左右,要么考绘画,要么考干活。干活三个月考一次,像我们竹编,考的是用一根竹子做同一个样品,主任吹个哨,正式开始。竹子发给你,称过几斤,你有剩下来的,就证明你这个人取材取得好。还有就是一个月里面,要按照技术会议要求,口头讲课,一个月讲一次。

采访者:考试考得不好的人要被淘汰吗?

何福礼:不淘汰的,如果你考得好的话可以加工资。

采访者:当时加工资加多少?

何福礼:我要比陆大师早点出师,有木工的,也有油漆工的。加工资只有一个月九毛钱。我两年就出师了,人家是三年出师的,相差九毛钱,按照三十天算,一天多三分钱。当时工资不是很高,是以政治待遇为主,经济为辅。榜上公布,某某某,提前一年出师,加工资多少,基本上就这样。就是鼓励你的工作积极性,学技术要钻研技术。我们厂里还要考应知应会①,应知就是你要知道并且能够写得出来,哪些是工具,怎样的操作方法,取材怎样取等等。木雕归木雕,竹编归竹编,油漆归油漆,一个车间和一个车间都不一样。

采访者:按照每个专业,还是不一样的?

何福礼:嗯,就像大学里一样,你做什么专业就考什么。我们是

刮青

---

① 应知应会:指特定岗位上的工作者应该了解、知道、掌握的基本知识和应该会做的基本技能。

竹编专业，你要讲得出来工具有多少种，具体有哪些工具，不同的工具各自有怎么样的用途。那时我参加考试，我写是写不出来，我只考了 78 分，也不算很好。

采访者：78 分的分数已经不低了。

何福礼：够格是够格了，人家九十几分都能考出来。我的文化程度比较低，有些字写不出来，但是我应会考得很好。领导走过来找我谈话，他说何福礼，你要抓紧，应知应会考试，还是你老婆好点。我说我写不出来，考操作实践的时候我肯定能行，要速度我也第一名，要质量我也是第一名。我觉得应知应会的目的主要是应会。应会就是要会做，应知是要服务应会，应会是重点，我知道这个道理。有一次有七十几个人参加考试，那个时候我还是组长。车间主任和副主任也都得参加考试。

采访者：你们车间有七十几个人？

何福礼：七十几人参加考试，我考试的内容，是做一个圆盒子，一条条竹子给你准备好，几条竹子，水竹多少根，毛竹多少根，七十几个人一个个都发到。厂里的领导和主任他们来考试现场，说了声"开始"，有些快的人，一天多一点就完成。考试很公平，自己都做记号，不要叫领导知道。我自己的记号是这儿一个叉，那里一点两点三点四点，人家都不知道，我做完之后，就把那些记号标在作品上。这些参加考试的人技术水平差距大，有几个人七天都做不好，我是一天半多点就完成了。

采访者：这个考试没有规定多少时间内完成？

何福礼：不规定时间，但是名次是有的，一定要他自己做好为止。

采访者：从材料，到剖篾，然后到竹子的编织，完成一件作品。

何福礼：对，全部都是自己一个人独立完成，有些技术不全面的人就吃亏了，是真的完不成，眼泪都哭出来，真的没有办法，这个是靠硬碰硬的。结果出来后，他们就问一个叉、四个点的是谁做的，我说是我的，就去领过来。他们说我是七十几个人当中最好的，质量第一位，速度也第一个，跟我相差好几天的都有，有些相差五天多，有些相差一天多，那个时候我是三级工。

采访者：三级工，总共分几级工？

何福礼：分八级工，八级工不考，七级工以下，二级工以上全要参加统考。

采访者：您大概多大的时候开始接触竹编？

何福礼：我十五岁就开始接触竹编了，十四岁时我懂是懂的，我叔叔在那里做，我经常去看看，他在农村里做，像这种基础性的竹编活，会去搞一下。

取料

采访者：您师傅当时是不是在竹编厂？

何福礼：在农村里。

采访者：在农村，哪户人家需要，就请他过去做？

何福礼：嗯，请他过去做，这种都是农具，做箩筐、米筛、糠筛和簸箕，农村里他们需要什么就做什么。我也去摸索，跟他去看看，去编编，一般是这样的。在我十四岁的时候我跟是跟过几天，十五岁就到东阳来了。

采访者：那当时，您正式拜马世富为师，有没有什么拜师仪式？

何福礼：传统的拜师仪式是没有的，1958年的时候实行军事化管理，睡都要睡到外面去，不是睡在房间里的。到楼店来的时候，管事的叫营长、排长的，不是现在的叫法，叫主任。排长，就是像现在的班长，相当于班组长，营长就是车间主任，连长相当于厂里的厂长。连长来宣布：你何福礼，叫马世富带。叫人家带也是这样一条一条宣布，那一批总共有十几个学徒进来。

采访者：一个师傅带几个徒弟有没有规定？

何福礼：一般带两到三个，最多三个，技术要四级工到五级工以上，他们都评过等级的。

采访者：当时师傅教你们，按照什么样的程序教？

何福礼：程序就是第一天我们去盘一个盘子的底，几根起头，我们就按师傅的要求，先放起来，就两根篾丝拿来编面包篮。我做了六个月的面包篮，六个月以后合并到这儿来就不一样了。原来在楼店就是做面包篮，用来出口的，我那个时候一天打七十几个面包篮的底部，有圆的和长方形的两种，现在人家打打，三十个都打不起来。就这样干了半年，到东阳竹编厂之后就做其他的活了，主要做出口到日本的东西了，给日本加工的，有穿藤什么的，稍微要复杂点。

采访者：1958年您到了竹编厂，当时您的收入能不能够维持自己家里的生活？

何福礼：那时工资是比较低的，叫作生活费，生活补助费，第一年是一月八块钱。吃饭要扣掉大概三点八元，菜和米要自己买，余下来的钱很少。每年还有衣服费发给你，比较正规。第二年，就有十二块，第三年十八块，十八块九毛，我们多拿九毛，第四年一个月三十元。

采访者：当时已经六几年了吧？

何福礼：是的，大概1963年还是1962年。

采访者：那个时候有三十来块了？

何福礼：对，那个时候有三十块了。

采访者：工资还有点结余吧？

何福礼：三十块已经很多钱了，那个结余要买好多东西，我还要带到家里，家里哥哥妹妹他们都在。我的叔叔1963年下放回去了，

温馨的画面

后来又到自己老家前马①去了,他手艺是很好的。

采访者:他的手艺在整个东阳竹编行业已经算技术好的?

何福礼:算好的,他做的活,很硬很牢固的,农村里我们老家还有他的东西,很光滑,功底很好。

采访者:您当时学竹编这项技艺,具体碰到哪些困难?

何福礼:竹编,实事求是讲,比木雕难度还要大点。为什么要这样讲? 我所在的木雕厂,车间不一样,我经常去他们木雕车间看看,按现在的说法来讲,他们是做减法,我们是做加法,加法和减法相比,还是减法容易一点,加法难一点。我们用的竹子都有个结疤,有结疤的话,机器就用不来的。就算用机器来摇,都要皮套套过。不用皮套套过,结疤高低不平,是要压碎掉的,压碎掉了,竹丝就劈不出来了。一定要用手工劈,劈出来的东西才做得细滑,这就是难度。第二个,竹编取材是关键,当时老师傅上课也这样讲,要冬季砍竹子,春季不好砍。冬季砍的竹子,它的水分就下来了,水分下来了就不会长虫,不会长霉。那个时候处理方法没有现在好,现在的防蛀防霉工艺改进之后,有那种竹防四号、二号、一号,都好用的,不会蛀不会霉。那个时候没有办法,只有煤油、盐、石灰,用土办法来解决。老

---

① 前马:浙江省金华市东阳市千祥镇前马村。

师傅上课也同我们这样讲，生长在黄土上的竹子最好，石块上面长出来的竹子不好的。

采访者：为什么不好？

何福礼：土质不好，土质很沙，竹子长出来也很沙，很脆。黄土它比较嫩，长出来的竹子比较遒劲一些。砍竹子就是在冬季，毛竹一般是三年到四年最好，水竹两年到三年最好，有一个年龄的关系。毛竹用来做粗的竹制品，做坚硬的作品，毛竹做圈口，就是坚硬的东西，如提把什么的，拎得起分量。水竹做软一点的竹制品，做人物、动物，是做细的作品比较好。材料不一样，我们做的东西也不一样。

采访者：另外海拔高的地方的竹子与平地上的竹子有什么区别？

何福礼：也有区别的，一般海拔太高也不好，太低也不好，中间最好。

采访者：那你们东阳这里，哪个地方的材料比较好？

何福礼：东阳就是南马[①]一带比较好，再么巍山那边也很好的，两个水库边也很好，北边一个横锦水库，南边就是南江水库。溪水现在改道做得很直了，那个水竹就比较好。

采访者：您当时在学手艺的时候，有没有印象比较深刻的事情？

何福礼：我是从1958年开始学竹编，当时学了几年以后，印象中在1963年到1965年的时候，也曾经有过波动。竹编厂原来有七十多个人，一下放后，好多人调到其他单位，最后只剩下二十八个人，竹编的形势一下子变得不太好。

采访者：为什么形势不好？是市场的原因？

何福礼：市场不是太好，出口受到了影响。可能是面包篮，是我们的价格出了问题，还是由于质量的问题，我们的业务不多了，有的人调到横锦水库，有的人调到矿里面，还有的调到供销社、调到木工部。我也想调出去，我想到跟书记讲过的一句话，最好也给我调到木工或者雕工车间也可以的。

---

① 南马：浙江省金华市东阳市南马镇。

采访者：木工的市场好一点？

何福礼：对，木工市场好一点，木雕当时也可以。黄小明①的爸爸当时是副主任，马宣华②是主任，有三个副主任都调到木工车间去干活了，小明的爸爸竹编手艺也很好的，都调到木工车间那里去做樟木箱了。当时我和卢红福③，卢红福手艺也很好的，我们两个人一起到书记那里，我们说去讲讲看，也调出去好了，就是看竹编已经没有希望了，骨干、班组长都调出去好几个了，我们待在这里干什么？我说我们两个去偷偷问问书记，最好把我们也调出去。书记说，你们两个不能走，也不好调，下次形势好起来，你们留几个做做"种"。七十几个人，只剩下二十八个人，我们当时也很灰心，垂头丧气的，再要整顿，重新振兴起来很难了，不大有希望。在那个低潮不景气的时期，我也想改行。这个波动比较大，对我的触动也比较大。后来，在1968、1969年的时候，形势又慢慢好起来了，又发展到八十到九十个人，起伏很大，对我们的触动也很大。

20世纪80年代的东阳竹编厂车间

---

① 黄小明：中国工艺美术大师，中国木雕艺术大师，国家级非物质文化遗产"东阳木雕"代表性传承人。
② 马宣华：东阳竹编艺人。
③ 卢红福：与何福礼同时期的竹编艺人。

采访者：那个时候您学习竹编，除了马世富师傅外，您还向其他的师傅虚心请教竹编技艺方面的问题吗？大家对您印象都蛮好，您从中学到了哪些东西？

何福礼：在1963年，我叔叔已经回前马，他回去之后，我想要向其他师傅学习。我前面提起过的那个卢红福，速度很快，编织技术也很好，我们分组的时候，我主动要求分到他那个组里去，想学点好的手艺。后来我还是没能分到他的组里去，而是分到了黄小明的爸爸黄树银的组里，当时我们还不是亲戚，现在成了亲戚。他手脚要慢一点，做手艺做得很好，我当时年纪还轻，二十几岁，我快也很快，但是纪律上自由一点，要到木工车间走一下，又要到油漆车间转一转，即使这样还是超产超得很多。有时候主任要讲，黄小明爸爸是副主任，他说你何福礼要遵守上班的纪律，不能太自由，我说我做得太快了，也影响到你们。他们一个月二十四天要完成三十二工，而我年纪轻，手脚又快，总想着要出去玩玩，玩玩做做，一个月二十四天有四十多工好做，做得太多，又怕影响到其他人，感觉不好。师傅对我很严格，主任对我也严格，在他们教育下，在纪律方面，我也慢慢变得好起来。就是我们年纪轻的与他们年纪大的不一样，做得出活来，干活也好，觉得总应该自由点，这种想法是存在的。但是我们也很勤劳，帮师傅打水，还有扫地，都是我们去干，我们出师之后，也是我们去扫地，他们老师傅不用去扫的。

采访者：对师傅都很尊敬的。

何福礼：对，像打热水，蒸饭拿饭，也是我们去拿的，我们帮助他们。我们买菜，有一张卡拿去就好了，卡里几毛钱扣掉就行了，这样我们年纪轻，早点去，买得到，我们都帮着老师傅带一下。这种都是尊重老师傅的表现，好的传统。有时也到他们的房间里去扫一扫，我们学徒都是睡通铺。

采访者：师傅对自己的技艺有没有有所保留？

何福礼：有些老师傅是有的，有些是没的，好的那几个是没有的，有些是怕我们学得好了，会让他失业。有时候，我们年纪轻的人，讲话又不太礼貌，讲话不尊重他们，他们想，年纪这么轻，手艺好点就翘尾巴，但是大部分师傅都是好的。

采访者：在您的印象中，您第一件独立完成的是什么作品？

何福礼：不是工作时间，现在不在我这里，在竹编厂。原来我们厂里，当时是要比赛的，比赛就在业余时间，我第一个做了一只鸡，订货量很大。厂里给我发了二百块钱奖金，当时二百块钱已经很厉害了。

采访者：二百块奖金，一年的工资加起来也只有几百块钱？

何福礼：对，那个时候我已经出师了，第四年工资已经加到每月三十六块钱了。

采访者：那二百块钱对您来说确实是天文数字了。

何福礼：对，天文数字了，厂里对有创作、有好的新产品做出来的人，一定会有鼓励，有奖金的。

采访者：做的是一只鸡？

何福礼：就是一只鸡。鸡的造型，美国人一下子就订了三百多套。设计的鸡的造型共有两只，一只小的、一只大的，当时小鸡十几块钱一只，大的鸡二十几块钱一只，我已经很厉害了，利润也很好，为厂里做出了贡献，创造了财富，这样奖金就比较厉害。第二件作品，是我做的人物。人家都认为我做不起来，我说马富进都做得起来，马富进在东阳做的《魁星点斗》在杭州西湖博览会和巴拿马万国博览会上都获了奖，当时评价也很高，就是"文化大革命"时被破坏掉，被烧掉了。我想马富进都做得起来，我为什么做不起来。那个时候是"文化大革命"以后，我的第二件作品，做了一个人物题材的作品，现在在东阳木雕博物馆里。

采访者：他们收藏了，您自己这儿也没有了？

何福礼：对，自己没有了。那个时候去参加了一次在雁荡山的全省工艺美术会议，是"文化大革命"后期。我第一次获奖的作品，就是编的那个人物作品，是在雁荡山的时候做的。那个时候没有奖金，（只有）一张奖状，几本本子，还有几支铅笔。

采访者：当时您做出来的这个鸡也好，人物也好，同行对您有什么评价？

何福礼：他们是这样评价的：年纪这样轻，能做出这样的作品来，确实是了不起。他们叫我在车间里讲几句，得到这样的成绩，有什么感想。我是这样讲的：我的成绩不是靠我自己，与给我很多帮助的老师、师傅和同事们是分不开的，和领导的关心和培养也是分不开的。我觉得成就不是我个人的，应归功于老师傅，归功于领导，以后，自己应该更努力。

采访者：您当时在竹编厂两年的学习，各种编织的技法，都学会了，您还研究将福禄寿喜不同的字编织出来，这个您是怎么样钻研出来的？

何福礼：当时我们有句古话，在农村里都这样讲的，手艺如果是做得成熟的人，你要知道，"福禄寿喜，不用讲起；王码（万字不出头的图案）五正，不要讨信"，不用问人家，我也做得起来，那么应该说算是好的手艺。

采访者：福禄寿喜都是有说法的。

何福礼：对，"福禄寿喜，不用讲起"，就是不要讲，我都做得来；再么王，一个"王"字，一个"码"字，一个"五"字，一个"正"字，"王码五正"，不用问人家，你也做得起来，那手艺算好的。我想，福禄寿喜这种不是几横几竖讲得出来，和写字一样的，我写字写不好，连我的名字写起来都不大好的。但是我打字打得很好，拿来刀我就用得比较好，编织我也能够编的，这就是前几十年的积累，现在已经有六十几年积累了。那个时候也有十几年的积累了，在十几年的基础上，再自己去领悟，那感觉就好比喝老酒，比吃饭还有味道，就是有时候干活吃饭都忘记掉了，证明有这样的时间钻研技术的话，肯定会进步上去的。就是人家编不起来的那种方法，我要去弄出来，好比我们现在的这种乱编法，现在全国都很流行。我想想也是好的，我能够创造出来，人家喜欢用我的编织方法，有什么不好。现在他们有些保守的人这样讲的，"别人模仿我们"，我说有人模仿是更好的事儿，有人传承我，证明好，人家喜欢学。

采访者：没有人批评？

何福礼：对，批评不出来，它摸上去很光滑，粗的篾在里面，就像我编的《关爱》作品一样。《关爱》就是很粗的，一公分二的篾，很细的就是几丝，一两丝，人家看上去层次很多。粗的在里面，我在外面编的是细篾的，那样看去里面也透空透空的，里面看得出来。

采访者：蛮丰富的。

何福礼：对，蛮丰富的，层次很多，这种编织方法在我们竹编行业上挺好的。原来他们说是有七十几种编织方法，实际上，现在绝对有一百多种编织方法，或者两百种都有。有些是我去丰富起来的，丰富起来之后我做了一种牌匾。浙江省博物馆上次举办我的个展的时候，我送了他们一块。我是开放的政策，人家看了你这块牌匾，就知道你的编织方法。我们竹编行业不抢救的话真的就没了，现在是我们在做抢救工作，就是我们要积极配合，叫群众来看、群众来认识怎么编织，那就有人会更加熟悉地运用，全国人运用起来，竹编就兴旺起来了。

采访者：那市场前景也会好起来。当时您会编这个福禄寿喜，一起学的同行有几个人掌握？一般的人能不能编得出来？

何福礼：那个时候编得起来的人都不多的，对他们来说有点难度的，相差一点点，错掉了什么的，就要整体再打去。假如你打错掉了，要拆掉它，凑不起来，难度也很大。

圆丝

采访者：那么当时在东阳木雕竹编厂，您为什么能够提前出师，跟您一起提前出师的有哪几个人？

何福礼：当时全厂有九百多人，九百多个人分成十四个车间，有木工车间，油漆车间，木雕车间，竹编车间，再还有一个陆光正他们所在的设计车间，他们大概有五到六个车间，总共有九个人提前出师。

采访者：只有九个人提前出师？那么都是各个车间最优秀的。

何福礼：对，最优秀的人，现在的陆大师、冯大师，都是大师一级的人。有些虽然现在改行了，技术方面都是拿得出来作品的人。

采访者：那提前出师要不要通过考试或者是其他什么程序？

何福礼：也要考试的。要几次考试以后，第一名的，第二名的，平常练习也要第一、二名，最后的考试通过就合格了。我们竹编就是两个。

采访者：竹编就两个，还有一个哪里去了？

何福礼：还有一个女的，车间主任的老婆。

采访者：她也是提早出师的？

何福礼：对。

采访者：这个人现在有没有做？

何福礼：现在不做了，老了呀，九十几岁了，她年纪大。

采访者：技术也不错？

何福礼：她也是1958年开始学的，她来学就三十多岁了。我是十几岁进厂，她是三十多岁进厂。

采访者：当时出师的人里面您是年纪最轻的？

何福礼：哈哈，我最轻。

采访者：那么后面出师之后到厂里从事的工作有没有变化？

何福礼：出师以后，我的变化比较大。我也去木雕厂，那个时

027

候我们从事编织的女同志居多，男同志不多。我去木雕厂，厂里有空余的地，围起来西边可以种菜，我种菜种了三个月。他们说我这个人比较勤劳，不怕辛苦的。第二个，就是那个时候，楼上老师傅住好点的房间，都是一个人一间的，他们那个马桶什么的都我们拿来倒的，当时没有卫生间的。现在各个车间都有卫生间，那个时候哪里来卫生间，都是一只桶，大便小便都是在那个桶里。由我们这些小年轻抬出来。他们说我比较勤劳，也不怕辛苦，叫我调到种菜那个组里去，种过三个月青菜。还有去义务劳动，我去横锦拆那些房子，再造起来，我做泥水匠，然后石灰和沙泥这样调起来，那个很费力气的，都是手工活的。我是不怕苦，领导叫我怎么样就怎么样，很听领导的话。

采访者：您大概到什么时候当了竹编车间的副主任？

何福礼：那个时候是"四清"①，四清后期。四清前期都是班组长，一个车间有四个组，我管一个组，当时车间里七十到八十人左右，一个组二十几个人。我组长都当了六年，从副组长到组长，从副主任到主任，再后来在竹编厂当了副厂长，后来就出来了。我想想当副主任那时候是1971年，当主任有时候很为难，老师傅不去讲也不好的，去讲有时候也要得罪人的，老师傅大多都是五级工或者六级工，我那时候还是四级工，我们去讲他们做的质量不好，有时候会得罪人家。

劈竹

---

① "四清"：即四清运动，是指1963年至1966年上半年，中共中央在全国城乡开展的社会主义教育运动。运动的内容，前期在农村中是"清工分、清账目、清仓库和清财物"；后期在城乡中表现为"清思想、清政治、清组织和清经济"。

采访者：要讲究方式的。

何福礼：对，当时讲话和气一点好点，不和气的话，有时候人家要讲的，你这个小鬼年纪比我轻，我都干了三四十年了，你这个十几年多点的人还来管我。他有点不大服气。我爱人的师傅他就这样讲的，他手艺还好，但是眼睛有点问题，他弄那个"提把"，一个铜钉插进去，都钉开裂，我说你这个洞弄大一点，那就不会开掉。他有时候态度不好，他说："我还用你来教我？"这样讲来就很难受的。再好比他自己做二十只篮子，验收还要我组长先验掉，再到车间里去交货交掉，我说我都验收不了，车间主任哪里会验收掉？对不对？我们要把质量问题消灭在萌芽之中，我们差的作品不好出去。这样去讲，他要听得进去一些。你如果讲话方式不好，他就会觉得你一个小师傅来教训我一个老师傅。

采访者：那个时候当组长或者主任，是领导直接委派的还是大家推荐？

何福礼：那个时候是单位领导委派为主，看你的技术水平和管理能力，从这两方面来考核。厂长要找你谈一次话，你要当副主任，要征求群众意见，群众对你比较满意的，要开大会公布，副主任要管什么，管哪些方面，就是这样征求工人的意见。他们厂长领导，车间主任以上要开过会通过，同意推荐何福礼，不同意的话，也有问题。

何福礼大师

主任有提议权，老百姓没意见，厂里领导要同意，再来宣布。

采访者：那么一个车间总共大概有多少工人？

何福礼：我们竹编车间最多八十多个人。

采访者：您那个时候当主任、副主任，具体生产自己要不要去做？

何福礼：做的。一直到当副厂长我都不脱产的，领导来征求我意见的时候我说，领导对不起，开会尽量少叫我，我下面还有副主任，叫主任开会我不一定参加，叫副主任来开会也一样的，他回来传达就好了。如果去二轻局开会，我同二轻局领导也打过招呼，我说最好是尽量少叫我，请你们照顾一下。那个时候就是提倡"又红又专"[①]，我属于是"红"不够的，"专"是够的，"专"是做得好的，他们领导批评我"红的"要多学习，多学习政治方面，"红"、"专"问题我是以"专"为主。

采访者：何老师，当时你们木雕竹编厂，材料主要从哪个地方采购来的？

何福礼：我们的原材料，主要以本地为主。那个时候我们的材料还要经过计划委员会，三百五十根毛竹，到哪里去拿都有规定。

采访者：不能自己去砍？

何福礼：不好砍的，按计划的，到哪个村去拿，去他们那里给一张介绍信，指标给你，叫供销社收起来，再拨给我们。水竹是没有规定的，水竹是溪边的，它是属于计划外的，你自己去采伐就好了。就是它也有规定，哪个地区，写了一个介绍信，例如南马地区，巍山地区，还是柴山地区你去拿什么。材料都是本地的，卡得很紧的。

采访者：当时您参加过木料、竹编的用材采购，您也去参加备货吗？

何福礼：有次我自己分到墩步头，现在叫磐安县，并在东阳的一个县，山峰过去快要到仙居交界的地方。

---

① 又红又专：既具有无产阶级的世界观，又掌握专业知识和专门技术。

采访者: 那这里去很远的。

何福礼: 对,它那里有二百五十根毛竹分给我们,那个时候我们也没有车,拖拉机也没有,运不出来,要走路走到小磐,再走到大磐,要走一百里路左右,到了大磐就有汽车了。这种情况毛竹怎么样拿得出来?我们只有锯作一段一段,好的拿出来,坏的不要,根部不要,尖部不要,中间好用的拿点出来,没有其他办法。

采访者: 一百里路您来回一天来不及。

何福礼: 我来不及,就两天。

采访者: 后面在 1959 年的时候横锦水库库区有一批老的房子、祠堂都拆掉了,那么您参加了这种拆除工作,当时您多大?

何福礼: 我当时十七岁,自愿报名参加的,报名的人里面年纪我最轻,人家都是十九岁,我是十七岁。他们是讲好的,就是那里是比较辛苦的,被套什么的都要自己带的,我们就住在农家里,拆掉一户再换一户人家,这里拆掉又换一户人家。

采访者: 拆掉一户换一户,等于是一户户的。

何福礼: 对,一户户的。你有几间房子拆掉,钱他们大队里收去的。我们拆的时候天气很冷,我只穿了套鞋,两条裤子,三件衣服,只有一件毛线衣,一件现在叫作带绒的那种卫生衣,里面一件,

竹编工艺雕刻

就这三件衣服。那个冬天，真的有那个雪花，北风吹来的时候很冷，爬上屋顶去掀瓦片，在那里咯咯咯抖。我说不对，我得向领导去提个意见。我实事求是说，你们叫我去揭瓦片，我在下面可以的，你们都说我们小伙子上去，我们都上去了，上去那个霜都很厚的，这样高空作业，衣服穿得少，又冷，不够暖和，上去了我们在那里发抖，我说这不对，掉下来就麻烦了。我说我力气是有的，我宁愿在那里背木料，那样安全点。后来领导同意我背木料，他说背有规定的，不论男女老少，要背三趟。背到那个眠牛山有个水库的边上，那个时候有拖拉机了，拖拉机来运，你要一天三趟，最少要七十斤。头几天是很轻松的，背背也很爽快，三天五天背，泡都很大了，这样长期背下去也是麻烦事。经常到领导那里去诉苦也不好，以前你去揭瓦片又担心要掉下来，虽然你年纪小点，但人家都背的。我想不去讲，我要想个办法。那个水库边上都是绳索拦起来的，我想是可以拆的，拿来撑木筏就好了，筏拿来，几根连起来，我说背背一天，让我撑木筏，一下子十天的量都能干出来。他们说规定你们手工背的，那个带子要你自己买的，他们不提供的，你自己去搞，你自己的安全要注意，水上有深浅。我说这种没关系。

采访者：当时还没有修好水库？

何福礼：水库有点水了，水位已经慢慢上来了。水库边上捞起来背下去就很方便了。我第一次弄成功了，第一次给我八根木头背出来，还都是比较粗的，一根有一百斤左右。我用绳索把木头连起来，刚刚好让我捆起来。我想想这么成功，就先休息两天，又买了一点稻草，自己搓起绳子来，稻草搓起来牢固程度是不够的，但是捆捆是好的。第二次去弄，是下过雨了，原来路线还有点直的，水涨起来了路线就有点弯曲，改变了路线，石块很多，前面过来了，后面没有过来，那个绳子不牢固，再一拖两拖就散掉了，一下就掉到那个水库边了，人也掉在水库的堤坝上不是很深的地方。我会游泳，就把木头拉出来。那个时候是冬天，回去以后，领导看看这个小鬼很可怜的。

采访者：那个时候您才十七岁，这个年龄读初中还是读高中了。

何福礼：是，最多读高中的时候。领导批评了我，说，今天，你搞成了这个样子，叫你不要这样去搞，你还去搞，还躺在床铺里烘衣服。因为衣服全部都湿了，只能烘烘干，找朋友帮忙，我说我下次调工,你给我烘烘衣服,烘了两天才干燥,一天都烘不干燥。领导看看我,对我过意不去,是太委屈我了,这样小的年纪。他们叫我写个证明,意思是你掉到水里过,我说怎么还要写这张证明,他说写这张证明你可以去买点酒,买点红糖。

采访者: 那个时候,酒和红糖要凭票供应?

何福礼: 都是控制的,没有红糖和酒卖,没有的。他说,供销社已联系好了,你可以红糖和生姜一起买,就是让身体暖和一下。在那个时候,这个红糖吃下去真的很暖和。因此我很感谢领导对我的关心,我要拼命地做,这是第一点。第二,我感觉到红糖竟然有这么好吃,等到了第三年,我有点余钱了,也要去买点配配,或者是开个后门。我老家是义乌,烟酒公司也有个老家义乌的人,在那里专门卖酒的,我经常把热水瓶拿去,给我弄出三斤酒来,这样经常去弄点吃的,慢慢就上瘾了。

采访者: 您以前不喝酒?

何福礼: 以前哪里会喝酒,一点酒也喝不来,喝下去就头昏,现在喝下去还有点劲。酒的文化很深的,开车不喝酒是好的,如果晚上做得太累,弄点酒喝喝是肯定好的,养生的。你多喝酒是误事的,少喝点对身体有好处的。

二、学一行钻一行爱一行

采访者: 今天上午您介绍了一下自己的基本情况,包括从事竹编的经过。当时您在东阳竹编工艺厂的工作情况,厂里的经营状况怎么样?效益是怎么样的?

何福礼: 从1958年开始一直到1971年,工艺厂有点低潮。到1972年以后,东阳木雕又掀起了高潮,这对我们竹编来说也是一个高潮。嵊州在1954年成立了竹编合作社,1956年,他们派了五个人到东阳来学习,包括现在的大师都来过。从东阳学习以后,当地县委、县政府的领导对嵊州竹编厂比较重视,于是把它慢慢扩大,发展到了五百多人,成了国家二级企业,当时有上千万的产值,相当于现在的一个亿左右。实事求是讲,嵊州主要是靠他们县委、县政府的重视。当时杭州都没有进出口公司,就上海有上海工艺品进出口公司,总部在北京，分公司在上海，我们浙江都没有分公司。当时我们还是一个车间，后来我们在经营当中又转为第二轻工业局管辖，为什么这样做？把我们东阳木雕竹编工艺厂归到二轻，那就承担国家的困难。当时1962年、1963年、1964年困难的时候，我们厂变作二轻了。在当时的情况下，我们就去向我们市领导、局长提意见，竹编和木雕要分开。嵊州做竹编原来还是跟我们东阳学去的，它现在为什么发展得这样好，我们向二轻局牛局长去汇报，我们去讲。我们提的意见有两个方面，一个为了竹编好，第二个，希望竹编会有一个单位领导重视。好比我们讲木雕厂人多，对木雕重视对竹编不重视，我们提意见就是想引起领导的重视，原来嵊州来东阳学习，现在反过来要向嵊州学习了。嵊州产值做得这么好，我们只有多少人？一个车间！他们原来从这里学去的，就好比"徒弟"都好了，"师父"却不好。这样慢慢过了两年以后，金华同意，东阳二轻也同意，省二轻也同意，直到1978年两个厂才分开的。当时他们说没有场地，就是把木雕厂一个做木工的车间移下来，给竹编厂放到南山，到南山挂了东阳竹编厂的牌子，我们在南山待了两年左右，就是那时候分开了。金华二轻局的领导，陈金银，他来宣布的，"虽然分厂，但是不等于分家，你们竹编吃亏点没关系的"。原来说要分两部汽车过来，他们当时都不同意，厂长是一个山东人，比较卡的，不同意，他们做我们思想工作，说你们现在先不要，先让步，现在把旧车给你们，下次会分新车，就批给你们。就这样，慢慢我们竹编厂大概在1978年分出来了。分出来以后就不一样了，就是兄弟单位了。后来这个厂慢慢地从原来一百多人发展到三百多人，我们也做了八百多万产值，当时木雕厂产值只有七百多万，还是我们好一点，我们下面的加工点很多，有时候他们农民在有空的时候给我们做，就是当时讲的，"亦工亦农好处多"。我们当时有七十几个加工点，做了八百多万产值，当时八百多万已经很好了，相当于现在的八千多万一样的。因此，当时县政府讲把我们竹编厂分出来是正确的，东阳木雕、东阳竹编两朵花已经开得很茂盛了。两年以后，新厂房建在蝴蝶山，有三十多亩土地，房子也造得很好，都是省里拨的钱，金华拨的钱，我们局里也拨给我们钱，我们造了一万多平方米的厂房，应该说在东阳算是好的厂房。为什么是好的厂房？这里有点小故事。有位领导叫严济慈[①]，全国人大常委会副委

[①] 严济慈(1900—1996)，中国物理学家、教育家。字慕光，浙江东阳人。中科院院士。中国现代物理学研究开创人之一。

时任全国人大常委会副委员长严济慈（前排中）来东阳木雕厂视察并留影

员长，是东阳人。严济慈第一次到东阳来，专列停在金华，当时住在我们东阳竹编厂的一个山坡上，他有警卫员保卫他，二级保卫还是几级保卫。他住在那里比较放心，保卫也好做，厂房样子也很好，我们把竹工艺装饰也做得比较好，有一个全部竹子弄起来的水上餐厅，下面都是水。他们就在水上餐厅吃饭，他们第一次在东阳考察是比较成功的。那个时候我是当副厂长的，我们有他的照片的。台湾的一个老板，也来支持我们东阳，就是要投资。东阳竹编厂慢慢红了，当时发展得也比较好，两个厂一个在东边，一个在西边，都很好的，两朵奇葩，他们说两朵美丽的鲜花都开得很茂盛。到了20世纪80年代改革开放了，就有点冲击。在改革开放政策影响下，有些对政策理解得快一点的骨干，要出去办厂，在厂里只有九十几块不到一百块一个月，因为是市场经济，他们出去，效益要好点，也自由点，他们是这样想的。我也是这样想的，即便我写字写不好，文化水平比较低，我也按照改革开放的政策出来办厂。

采访者： 您是什么时候出来的？

何福礼： 我是1989年出来的。当时开放没有几年。那个时候思想有点保守的，为什么共产党员不能去办厂？

采访者：您那个时候入党没有？

何福礼：早入党了，我入党也有两个过程。我的运气不太好，十七岁时厂里就让我写入党申请书。我的亲叔叔参加了解放军，解放一江山岛①的时候牺牲了，当初传说他是共产党还是国民党的部队也讲不清楚，后来调查清楚了，他是共产党的部队，在那里牺牲了。他们调查的人不知道，起初以为我是有关系的，就没有批下来。之后竹编厂刚刚分开，领导来叫我当副厂长。党员开会时，他们说，何福礼，共产党员开会，共产党员要留下来，你还不是党员。我就背着椅子走了，当时心里很难过。

采访者：您已经是副厂长了。

何福礼：班子成员都是共产党员，就我不是党员。我说既然我有问题，没关系，你们再考察一段时间，等考察好了，调查清楚了再说，一拖就拖到"文化大革命"后第一批。

采访者："文化大革命"之后第一批入党？

何福礼：嗯，他们都调查清楚了，对我说，你没有什么问题，那我就志愿加入中国共产党。

采访者：当时大概儿几年？

何福礼：那个时候是1977年到1978年，在厂里是书记来做工作，他说你还要写申请书，我说我写过申请书了，他说还要，以前木雕厂里写的时候是木雕厂，竹编厂还要写的。

采访者：七几年的时候，那个马世富叔叔，他年纪多大了？

何福礼：那个时候他七十多岁了。

采访者：他已经不在厂里了？

何福礼：退休了，他当时是下放了。下放有一个政策，可以有点下放费拿，有点资金补助的，要是竹编厂办得很好，你愿意回来可以回来。但是他不喜欢回来，我们这儿一百多块，他在那里干一天比这儿要翻两番左右，他在农村里自己加工。

---

① 一江山岛：一江山岛战役是1955年1月，中国人民解放军华东军区陆、海、空军各一部，对国民党军据守的浙江省东部一江山岛进行的进攻作战。

采访者： 那么当时谁照顾他的生活？

何福礼： 他那边有儿子有女儿，我也给他钱的。我也应该去回报他，他在我小的时候抚养过我，他下放以后，我每个月也给他钱，也是应该的。

采访者： 您是1958年进厂到后面的70年代，你哥哥妹妹他们还在义乌，他们当时做哪些事情？

何福礼： 当时我一年只回去一趟，一般不大回去，那个时候，我都寄给他们钱的，哥哥妹妹他们也比较辛苦的，我记着他们。第二，我当时是有种想法，我们东阳这样好，办起来这样的好工厂，义乌是没有这种工厂，以后我们村里也要做竹编加工。

采访者： 也过来？

何福礼： 叫他们来学习，学会以后我们的产品给他们做。我在我们村里也发展竹编。他们有做得比较好的，我去培养他们。

采访者： 那个时候你们村有多少人口？

何福礼： 我们村很大，现在是并掉了。现在我们这个自然村叫井头徐①。井头徐有三百六十多户人家，现在不止了，现在都五百多户了，五百多户大概有好几千人。

采访者： 您是在东阳木雕竹编厂，找到现在的师母（何福礼爱人），当时是怎么认识到后来在一起的？

何福礼： 那个时代谈恋爱成分要好。我们贫下中农，娶个富农地主的女儿，那就麻烦了，就像白布有点黑的黏上去了，有污点了。当时我是团支部书记，我干了很多团的工作。领导经常同我们讲的，在青年的时候，要头脑清醒，要贫下中农的女儿，是技术上要进步，思想也要进步。我们厂长保守主义很严重，他因为当时是法院院长，讲话也很厉害的。为了留住我们这样好的骨干，像我们陆光正大师、冯文土大师这帮人，他不叫你们去验身体，厂里不同意，你们谁敢去体检身体？要他同意才好去验身体当兵。他说经过多年的培养，十五岁培养到二十几岁，最年富力强的时候，你去当兵，厂里损失

---

① 井头徐：浙江省金华市义乌市城西镇井头徐村。

掉了技术人才，厂里就太吃亏了。他总结了三个不准：二十岁以前不准谈恋爱；不准去验身体；不准调动工作。没有厂长同意的话，是不敢当兵的，也不敢谈恋爱的，这个三不准是内部讲讲的，他说对外不能讲的，你们要听牢，如果不听话的话，要对你们怎么样怎么样，还有条条规规，土方法很多，他是想得出来，我们厂里的厂规制度，有一百七十几条。

年轻时的何福礼夫妻

采访者：写得很细的。

何福礼：很细很细，普通的工人要怎么样，骨干应该怎么样，党员怎么样，车间主任怎么样，领导更加严格，他当时都抓得很紧，很严格的。在东阳木雕竹编厂分开以后，他也把一百七十几条照搬过来，他套过来了就是好管理。

采访者：那么管理也有成效的。

何福礼：对，成效是肯定有的，为我们谈恋爱指明方向了，要贫下中农的女儿，本质要好，要有艰苦奋斗的精神，这种人才好去谈。你不要花花绿绿的人，不好谈的，我们厂里不同意的，这样比较严格。

采访者：你们是人家介绍的还是自己谈的？

何福礼：我们是同个厂的，都在一个车间。我们车间有二十四个人，包括现在的周尧柱、方菊香和我爱人，三个人，都是学校里分过来了，二十三个人分到我们车间来。我当时是车间副主任，把他们分到各个组，下放掉之后就剩三个人。就是一个周尧柱，后来当了厂长，现在是二轻局副局长；一个是方菊香，后来当了我们竹编车间的党支部书记；再是我的老太婆，她是生产骨干，技术骨干，做手艺是很好的，手上的活在从事竹编的人里来说，应该是数一数二的，比较好的。

采访者：你们结婚是几几年？

何福礼：我结婚是比较早的，二十岁基本就谈好了，与我哥哥比结婚还是我早点。为什么？那个时候有家庭的原因，我经常在厂里，我每年生产都在，做生产我何福礼是不回去的，像他保卫干部一样的，第一个名字排到我。每年回去过年，妈妈又不在了，哥哥妹妹和我三个人过也没有什么意义，我就把小家庭考虑得早一点，把小家庭就这样组织起来，二十一岁就结婚了。

采访者：红亮是几几年出生的？

何福礼：红亮是第二个孩子，女儿是第一个，黄小明就是我的女婿。女儿四十七岁患上肺癌，过世了。

采访者：后面两个儿子，一个红亮，一个红兵。

何福礼：对。我这个人，真有点勇气，虽然自己的亲生女儿没有了，但是我肯定要振作起来，当时心里其实很难过，老年失子，很痛苦的。我想我们还是要振作起来，要自己走出阴影，我要面对现实对不对？这也是没有办法的事。我女儿也是第一位金华市女性工艺大师。她木雕手艺很好的，陆光正都讲的，她是木雕第一人。失去了女儿，应该说化悲痛为力量，自己要更加努力，还要努力。我也是很坎坷的，为什么这样讲？我那个时候去考高工，就是高级工艺美术师，要到金华去考，他们说要考英语的，我第一次去考，考不及格，这又没办法，我女婿小明说考不及格算了，下次明年再考过。第二年我又到浙江省人事厅，我一个人去补考，我说不管它，第二年、第三年去考好了。第三年给我考好了，他们对我政策也放宽一点，叫我自己勾，哪个是正确的哪个是不正确的，你填名字要填出来，就是何福礼要用"English（英语）"填出来，我把那个名片带去的。

采访者：那个时候英语都要考的？

何福礼：我们才读了几年书？还要考英语，不可思议，我想想

何福礼夫妻与他们两个儿子

不大合理的。评省级大师也是两次。当时我同那个徐经彬领导有点矛盾，中级职称证书放在厂里不发给我，到第二次评，才给我中级职称的证书。

采访者： 徐经彬是厂长？

何福礼： 他当过厂长。我经历过一些坎坷，也证明我自己还欠努力。另一方面也说明我走在前面一点，对改革开放政策我理解深一点。能早点出来，我就出来了。

采访者： 当时师母家里的条件也是一般吧，听说您为了替岳父岳母家交一个缺粮款，把自己平时骑的自行车都卖掉了？

何福礼： 那个时候是这样，我是小孩多一点。冯文土当时去中国美院进修过一年至两年，他一个儿子一个女儿。我每个月要到丈母娘那里，我太太最大，她后面还有五六个弟妹，有两个是哑巴的，因为药吃错了成了哑巴，把药放进去，生姜没有放进去，吃进去就哑掉了。岳父家缺粮款要三百多块钱。村里的生产小队长这个人也很好的，后来还当过民政局局长。我去同他讲的，口粮没有吃，先称给他们吃，你放心，春节以前，三百六十块钱，我绝对给你们。我当时付给他们二百块，还欠一百六十块。丈人老头子同我讲，你钱不拿来，他们粮食不给够。我说我交不出钱，自行车拿来卖掉。我老太婆都哭了，她说自行车总要骑的。我想想心里很难过。这个怪谁？我说不好怪谁，要怪就怪我们自己没有能力，我们自己缺粮款都交不出来。当时我眼泪都流出来，现在回忆眼泪都流出来。我把很好的自行车卖了，我买来一百二十多块钱，我卖掉也是一百二十多块，我不赚一块钱，我只骑了两个月，还是新的。他们卖卖有一百五十块好卖，我说一百二十三块就好了。

采访者：那当时是几几年？

何福礼：七几年吧。他们比较困难，我丈人老头子他是有麻风病的，他身体不好，他儿子太多，现在讲起来叫特贫户。他到那个叫作德清的麻风病医院，我送他去了三年。他麻风病治好了以后，我的舅子都还小，有的到部队里当兵去了，再有些跟我学手艺。全部的钱都是我们拿去的。我义乌家里的哥哥妹妹都好过点，我把钱花在丈母娘家里比较多。那个村里讲我是好女婿，我说我好女婿是评不到的，马马虎虎是有的，我绝对对得住他们。

采访者：有孝心。

何福礼：对，现在我的两个小舅子都在这里做。还有今天烧菜那个是哑巴，也是我的小姨子。

采访者：他们也是做竹编？

何福礼：都做竹编，小姨子也会做的，很聪明的，一般的人绑藤还绑不过她。为什么她烧菜烧得这么好？我们做工会，假如工人有困难，或者生了大病，我们都要去看看他们，慰问他们，这一点我对工人是绝对好的。对待工人，我一年要请三四次客，到昨天晚上你们吃饭的地方去吃，招待他们吃几顿饭。那儿的厨师长我很熟的，小姨子在那，叫他教一下怎么样烧，她今天的菜也是马马虎虎。人都要靠培养的，哑巴也培养得起来。穷人的孩子早当家，早点培养他，他肯定会懂事，要给他们一个机会，没有机会也没有用的。我现在给她的工资是一百二十多块一天，她家里也很好过了。现在她儿子在讲，一年后要生孩子，还在造房子，还得给他们三万五万的。她下午只给我们烧烧饭，烧烧开水，她中午、傍晚还有晚上劳动，还要给她另外的钱，她一天加起来就有二百多块，那么日子就很好了。我想她是我的亲戚，社会上也要照顾她，我们更加有义务照顾她，我想这样还可以回报社会。我还有个舅子原来也在这里做，他年纪大一点，也六十几岁了，去年退休了，他不来做了。原来我给他发的工资也比较高。我想两个家庭虽然贫困，我们就要有人去照顾她，能自食其力，那就很好了。

采访者：何老师，您刚刚讲的东阳县的木雕竹编厂后来是哪一年分出了东阳县的竹编厂？

何福礼：是1978年。

采访者：它分出来之后，给整个东阳的竹编行业带来哪些大的变化？

何福礼：有很大的变化，一个就是有专门的领导来管，谁来负责竹编的，谁来分管木雕的，都有专门负责的人。厂里的书记调到二轻局，后来成了二轻局的局长、党委书记，还有我们的厂长，调到那里当副局长。东阳木雕、竹编两个厂都办得比较好，领导都是我们两个厂里调去的，他们都关心我们。我内心不希望当厂长的，我真的不喜欢当。当时组织部的人来调查我，一个是义乌人，我的老乡。我们厂里的书记是这样讲的："我们都调出来了，你何福礼厂长不当副厂长应该当，我们二轻局组织部来做工作，你要给一个面子。"这以后，我没有办法，是我们的上级领导需要我，我那个时候是共产党员，一点不听话也是不好的，我说好的，我听从组织安排。

采访者：分出来之后您就当副厂长了？原来的木雕竹编厂从事竹编工艺的人是不是都分配到竹编厂里来了？

何福礼：分开的时候是这样分的，你管理竹编的人，分到竹编这边来，管理木雕的人分到木雕厂，设计竹编的人分到竹编这边来，都是专业对口的。这点是金华市里他们安排好的，哪些人分到竹编里，哪些人分到木雕里。

采访者：分出来之后第一任厂长是谁？

何福礼：厂长是周尧柱，书记两年以后才调来的，一开始没有专职书记，周尧柱书记兼厂长。原来叫我当厂长，我说我们两个人当就麻烦了，人家是要讲的，我是瞎子，文化水平不高的，就像我们俗话，"瞎子挂拐当厂长"，是不好的。我说我绝对不会来当，我不大喜欢当厂长,就是这个意思。

采访者: 那个时候吴书记吴美伦要求当木工,有没有这个事情?

何福礼: 事情是这样的,在1964年的时候,他说你们形势不好,来开个动员会,动员大会就是把原来的八十几个人中的五十几个人都调走了,那个时候供销社十名,横锦水库十名,木工十名,还有其他矿什么的调去,最后只剩二十几个人。当时我要求调走,吴书记说你们不要来要求,我们已经考虑了,你们要留几个今后做"种",竹编还要大力发展的,就是这样的意思。

采访者: 当时的竹编产业做得很好,主要生产哪些产品?销售到哪些地方去的?

何福礼: 当时我们竹编厂分开以后,销路就扩大了,有个美国的公司,同他们结合起来,它是经过上海的。做了花盆套,一下子就订了七十万只,产值很大。尽管价格是很便宜的,但是每家每户都要花盆,塑料的花盆,套上我们竹编的东西挂在家里,鲜花挂在家里。那么产值一下子就上来,印象很深。

采访者: 有好几年形势都很好?

何福礼: 对,当时形势很好。还有加工一套白鸡,就是木鸡,做了七十万套,也很厉害,也有八百多万产值,一个品种就有这样高。竹编分开以后,正因为上级领导重视,我们也做了新产品,集中力量搞竹编。那时有加工点,我们东阳做不完,我们都带模型和样品到江西,到浙江安吉,还有好几个地方给我们加工。那时候我是当副厂长,我把它设计起来,把它画出来,插几个片,怎么样插,多少粗细,插在哪个经篾上,很具体,很规范的。我是技术副厂长,我自己搞起来,再叫他们规范地画出来。这样他们就会越做越熟练,质量越做越好。

笔筒

采访者： 那么除了花盆之外，还有什么其他产品？

何福礼： 还有一次，刘少奇出国访问，第一次到印度尼西亚，具体哪年我现在记不清楚了，那个时候还不在木雕厂，当时北京服务部叫我们做竹编篮子，青岛啤酒厂做啤酒，作为国礼，送给印度尼西亚。那时候啤酒是高瓶的，现在是小瓶的，罐头那种。六瓶啤酒一个篮子，篮子是我们东阳做的，啤酒是青岛生产的。还有一个，最早的时候，《苏联画报》报道过东阳竹编，能在《苏联画报》出刊也相当不简单。《苏联画报》一出刊，讲我们东阳的竹编篮子怎么怎么好，当时竹编的前景比木雕还要好。

采访者： 那么当时你们那个木雕竹编工艺厂采取"以专带副"，就是到富余劳动力的地方上去加工，你们厂里的骨干下去指导了，请讲一下具体经过。

何福礼： 当时我们是叫"亦工亦农"，以"正规军"去带动他们副业人员，他们当时总结和现在不一样。当时我们去加工，东阳是南乡拿草席，一块五分钱就很好了，我们说要做竹编篮子，他们说做不起来的。当时外面加工主要是由副厂长负责的，叫我出去，把模型带去，面包篮带去，去做给他们看。我说你一天打几个底，有多少钱，你随便怎么样做做，都比做草席工资还要高。我现场做给他们看，我们要以实际行动感动他们，感觉到我们竹编是真的好。我们厂里有一个书记去，我也去，我那个时候不是作为副厂长去的，是作为生产骨干去教他们竹编。

采访者： 当时有多少人下去指导？

何福礼： 有十多个人下去，

鼎

八十几个加工点的。

采访者：那八十几个加工点主要在东阳？
何福礼：都是东阳，外地的没有。

采访者：包括磐安？
何福礼：包括磐安，那个时候竹编厂要加工到七八百万产值是有相当难度的，你做做顶多一百多万到两百万左右，你要靠下面大量的加工点，加工点组织好了，对我们（也好），"亦工亦农好处多"。现在的形势不一样了，办了一个竹编厂以后，那个白塔有个大队，经过竹编加工点以后，赚了好几十万，他们就发展了一个做纸的厂。

采访者：赚到钱了？
何福礼：赚到钱了，他们装了电灯，买了拖拉机，大队里又办了纸厂，他们总结就是"电灯么雪雪亮，机器隆隆响"。现在机器隆隆响的噪音是不好的，那个时候就要提倡这种电灯雪雪亮，机器隆隆响，这是社会主义的大发展。当时是这样总结的，现在的总结不一样了，时代不同。

采访者：这个加工点，你们持续了大概有几年时间？
何福礼：十几年。我出来以后，我的一些作品也在加工点做，我一般厂里面做做顶多一年五十万到六十万，我个人都曾做过三百多万产值。

采访者：您个人一年三百多万？
何福礼：我纳税也三十多万。当时与竹编厂的业务相比，还是我好点。我们骨干都出来了，竹编厂里面的业务就少了。

采访者：你们把业务带出来了。
何福礼：不是业务带出来，我作品、样品都会做，有一年广交会订货，一下子就订了五十多万。

采访者：就是广交会，拿到的订单？
何福礼：对的，订单拿到。我儿子第一次去，他做了只船，欧洲订了二十多万套。红亮第一次去广交会，当时国务院总理李鹏都去了，那是改革开放之后了。我出来以后，我的这些业务，也拿到加工点去做。

采访者：您也是到加工点做？

何福礼：对，厂里没有做得出这样的人，那个时候一个人一万产值做出来就已经是很好了，一个人一天的工资只有七八块。

采访者：一个月也就是几百块工资。

何福礼：对，一个月二百多块工资，那就很好了。

采访者：何老师，"文化大革命"期间，整个竹编厂的形势怎么样？

何福礼：要抓革命，促生产，生产不能丢掉。我们木雕厂从来没有停工过。

采访者：厂里没停？

何福礼：生产还是安定的，但是对木雕的冲击肯定是有的，木雕都是老题材——"帝王将相"，但是"文化大革命"期间"帝王将相"不能做了。我们竹编题材不一样的，我们的题材还是篮子、面包篮，老百姓的生活用品，你卖到外国去，也是人民群众用的消费品，生活上的必需品，风刮不倒的。木雕是刮得倒的，它有一些作品不能做了。当时木雕形势不好，我们竹编补上去，总的产值还完成得比较好。

采访者：您在东阳木雕竹编工艺厂车间当了十多年的组长，包括车间主任，那时候您工作主要是负责设计、制作，有哪些竹编作品？

何福礼：在生产上，我做样品比较多的，订货量也比较多。现在作品不在我手上，下次去拍竹编《九龙壁》的时候会讲哪个是我做的。原来订单多少，那个奖状、证书都有的，这个是归功于厂。那个时候不兴签名的，叫作集体创作，注名就突出个人英雄主义了。

采访者：您也吸收了很多竹编的技法，从中也学到了很多，自己形成了一套和其他人不一样的竹编技艺，请您介绍一下。

何福礼：我看了外面的报刊，有个《美术报》，我文化水平低一点，我看报喜欢看那种画报，要有图案的。工艺都是相通的，都是兄弟姐妹，木雕可以参考，陶瓷的造型工艺，就比方说景泰蓝，也可以参考的。我参考的作品很多，要看它的造型好不好，美不美，我要怎么样做。但是他做景泰蓝，我要做竹编的，怎么样好编，我应该有数，例如困难在哪里，好处在哪里，我们要分析它，研究它，钻研它，才能够借鉴它的图案装饰，用到我们竹编里面去。当时要百花齐放，推陈出新，要价廉物美，就是要经济、美观、实用，人家要消费得起。我们搞设计的人，要创作出这样的作品，才能够吸引市场，得到观众的认可。

采访者：那么您自己独创了哪些编织技法？

何福礼：那时我刚刚提拔起来做副厂长兼主任。当时东阳竹编有一百五十几种编织方法，《九龙壁》运用了很多种方法，有好多老师傅参与，我从澳大利亚回来后，我老太婆说，用工具不好打，全部都是贴贴的，这样谁来做。我说我今天去讲。我从澳大利亚买了点小东西，我们厂长有小孩，就拿了几个糖果或什么的给他。当时吃得笑眯眯，后来两个人争论得厉害，我是不让步的。我说我当时讲过，等

各类竹编花器

我回来再动手，你为什么把锤子全部打好，把篾全部劈好。他说何福礼，做不起来的，两个月时间，太紧了，他讲的这个理由。我反过来说，厂长，你是开口的，我是动手的，不用你管，我们白天晚上加班干肯定做起来。我们吵到十一点多，我老太婆过来叫了，她说睡觉了。我说，我还是要讲两句话，你如果全部贴贴的，我说明天叫厂长开个会，把我的车间主任和副厂长撤掉，我就不来做了。我说如果你做这样大的作品，全部用贴片就不好了。我想我是为你争光的，你现在是厂长，给你面子，否则我不来提这个意见。我们争论得比较厉害，我说要做的话，九条龙有九种编织方法，球也是不同的编织方法，运用了八十几种编织方法，那是成功的，如果能够传下去，后人的评价会更好。

采访者：就是您认准的事情就要坚持到底。

何福礼：对。第二天厂长面条端过来，他说你昨天提的意见很正确，我想想只是时间问题，太紧了。我说时间问题又不要你来处理，做事我们做，我去布置，对不对？我当这个车间主任，我叫谁加班就谁加班，我叫谁做就谁做，你放心好了。我对得住厂领导，也对得住工人，我加班那两个月，两个月六十天，一个月大一个月小，大概六十一天，每天加班到十一二点。时间确实紧张，我大概做了六十一个白天，六十四个晚上，三个晚上加通宵。通宵后的第四天就把《九龙壁》弄好了，油漆漆好了。上海公司有个叫小汤的人，汤为民，我们是好朋友，他有点事，叫我们带点东西去。他造房子欠几根木头，当时计划经济，木头不好运，要盖公章，敲过印的。那次厂长一定叫我去，押车去，我说好的，我肯定会去的。当时刚刚分开，我们厂里没有车，新车没买来，是其他地方借来的车，运出去。上面纸箱运到他们仓库里，下面十几根木头，很短的，造点小房子大概。因为连续三个晚上通宵开，哪里是叫我去押车，坐在车里，我眼睛闭去就砰砰砰的，淤青都出来了。驾驶员说，叫你来押车，还是叫你来睡觉的。我说睡觉为主，押车为副。那个车原来开到嘉兴那边的，后来开到海宁那边。因为路线不熟悉走了好多弯路。

采访者：那时候还没有高速路？

何福礼：没有，小路。结果开到那里快要四点多钟了。路上也被拦起来过，他们那些人也挺好的，我说箱子里都是竹编品，可以给他们看，然后香烟给他抽，就放过去了。从这件事证明，我是比较坚强的，不是说我有多大本事，我能听领导话，干了白天六十一，晚上六十四，事情还是圆满地完成了，领导也考虑到我办事牢靠，他放心。回来后领导说，今天喝老酒，我说好的，喝老酒没关系的。我这个人，一是听领导话，领导分配我的事，我肯定完成，答应了就绝对这样做，二是做人不喜欢推三推四，怕这怕那的，现在讲起来，要有勇气，要有艰苦奋斗精神。

采访者："文化大革命"之后，您跟陆光正，你们成立了一个研究小组，设计了一些能够代表东阳木雕跟竹编技艺的代表作品，是怎么样一个情况？

何福礼：这个情况是这样的，陆光正大师不光学习木雕，他对整个东阳的工艺美术，特别是对竹编，都很熟悉。这儿有个小插曲。我们的周尧柱厂长很有本事，他说其他设计人员一个都不要，只要陆光正来就好了。

采访者：他到你们竹编厂？

何福礼：陆光正来了以后，厂长说分配到竹编里去很好啊，所以我们一起劳动过两个月。最后没有把陆光正留下来。陆光正技术很好，样样都会，群众威望很高，他吹箫就吹箫，吹笛子就吹笛子，木板也来，什么都来，他随便什么都懂，随便什么都会，这个人有点"全能"的。陆光正到我们竹编厂来的时候，我是主任，他第一件事情是跟我说他来搞设计。两个月以后，作品就设计出来了，成绩搞出来了，设计了哈巴狗，两个狮子戏球，好多样品都是他画出来的，我们都一件件做起来，成绩出来了。后来他的师父楼水明[①]向领导要求，如果不把陆光正调回木雕厂，他也不来做了。

采访者：当时楼水明影响也很大？

何福礼：对，楼水明是第五届全国人大代表，他影响力很大，

---

① 楼水明(1898—1983)，浙江省东阳横店人。16岁从师学木雕，20岁满师即技艺超群。至萧山、湖州、杭州雕花数年后，在上海开设木雕工场。1960年，楼水明出席全国手工业联社会议，受到党和国家领导人刘少奇、周恩来的亲切接见。1961年、1963年，被选为浙江省人大代表。1962年，被浙江省人民政府授予"名艺人"称号。1978年，当选为全国第五届人大代表，被国家轻工业部授予"工艺美术家"称号，被浙江省人民政府授予"劳动模范"称号。

讲话很有用，他要求陆光正调回来，后来陆光正又调到东阳木雕厂。陆光正和我们一起工作，就只有两个多月，他对我特别了解。

采访者： 他主要负责设计这块？具体工作做不做？

何福礼： 他是不负责具体做的。在木雕厂的时候，我们要做一个《三打白骨精》，做人物作品，其他人都说做不起来的，只有我同他两个人讲能够做起来。那个厂长当时就是邓梦帆，"文化大革命"换掉的那个老厂长。

采访者： 当时设计的都与人物相关？

何福礼： 对，人物、动物他都画出来。

采访者： 具体哪几件？

何福礼： 一件是《三打白骨精》，一件是《狮子戏球》，他画了很多件作品样稿，做出来的也很多。两个月做出成绩以后，木雕都没有起色，竹编有了起色，他师父哭了，到厂长那里哭，到二轻局那里哭，一定要把陆光正调回来，不然二十多年白培养了，怎么样怎么样去讲。陆光正做了两个月又调走了，调走之后调了姚正华[①]到我们那里设计。原来是马良勇[②]，我是要求马良勇过来的，他老婆也在我们厂里，他调过来也好。后来周尧柱厂长来做我工作。他说何福礼，对不起，如果你加两级，姚正华加一级，他太低了点，你么太高了点。我说你考虑好了就行，我是搞竹编的，他是搞设计的。姚正华的意思是《九龙壁》创作出来，他是有功劳的，原来厂里打算给我提两级，姚正华提一级，然后记特等功一次，后来我叫厂长改掉就好了，加给姚正华两级。那个时候一级工资九块钱。

采访者： 何老师您在东阳竹编这么多年了，兢兢业业，也有很多成就，有些作品出口到了美国，自己的还是别人的？

何福礼： 那件作品到底是什么作品，我现在有点记不起来，题

---

① 姚正华（1944—2014），浙江省东阳市湖溪镇大塘村人，高级工艺美术师、中国工艺美术大师。毕业于东阳木雕技校，从事工艺美术工作40多年，曾任东阳市正华艺苑总设计师。
② 马良勇（1944—　），浙江东阳人。1961年毕业于东阳木雕技校，学习木雕创作设计。1966年—1991年在东阳木雕总厂研究所从事木雕设计与制作工作。1982年参加省浮雕进修班，被评为优秀学员。1985年起任木雕研究所副所长，担任木雕设计及审稿工作。1986年应邀参加世界博览会，在加拿大温哥华做现场木雕技艺表演，深受观众的赞扬。

材忘记掉了。是一位美国客户介绍的，他介绍给美国一个什么老板收藏，又捐赠给了美国的博物馆，他是这样讲的。我们给他们做过一件代加工的作品，现在谁设计的具体都记不起来了。

采访者：也是当时你们在厂里的时候？

何福礼：对，具体是什么作品，我现在有点模糊。

采访者：您当了东阳竹编厂的车间副主任后，还是您自己砍竹子，亲自去取材料的，有一次您和副厂长韦俊才，一起到南马船埠头去砍了几百斤的竹子？

何福礼：有三百六十几斤。

采访者：当时这三百多斤竹子是怎么运回来的？

何福礼：那个时候是这样的，"四清"，竹编厂快要分开了，还没有分开，当时说全厂要选副厂长。厂长是任命的，副厂长要提名的，让职工推选。当时那个"四清"的工作组组长说天上要掉下来一个女厂长，就是那个方菊香，原来是副厂长，我们这些工人接受不了，结果选，选不上去。后来韦俊才选上了，选上了之后工人都有点妒忌，感觉你这样年轻就选上一个副厂长。

采访者：他当时年纪很轻？

何福礼：当时他只有二十多岁，三十岁还不到。我们车间里有些老师傅，也发牢骚，他们说砍竹子让他副厂长去砍。韦俊才说我们厂长里面没有一个不放心我的，他说最好是我陪他去砍竹子，我说好的，反正我有的是力气。他年纪比我大一岁，今年他七十六了。他叫我拖个三轮车。当时的东阳不是水泥路，是黄沙路，他拖车拖不来的，在后面推是可以的，全都要我拖的，回来也是我拖。那时候，竹子砍完之后还要捆起来，还要把生产队长叫来过秤，付掉钱之后，再拉回来。我们那时很天真的，比较勇敢，我们这儿有大岭小岭，都是很斜的，拖来拖去拖不上那个岭。我是没有办法，我说俊才，你后面推就好了，我转过来转过去，转过去转过来，这样才上来的。到南马那边有四十五里，拉回来都晚上八点钟了。到了之后，两个人一起吃饭，感觉特别好吃，晚上八点多钟才吃上饭，肚子都快饿死了。

采访者：晚上八点多钟才吃饭，早上也很早出发吧？

何福礼：早上六点多钟就出发了，中午吃了顿饭。前年我在举办个人展览的时候，韦俊才向我们组织部姚部长介绍我，何福礼这个人怎么样怎么样，他说都是我们一起去亲手砍竹子的，那个时候三百多斤竹子怎么样怎么样运回来。

采访者：他也记忆很深刻。

何福礼：对，他也记忆很深，他身体还不是太好，他那天讲话汗都讲出来，他很感动。他说特别是我做了这样好的作品，有这样的成就，他感到很高兴。他两个儿子都在美国，开了那种皮具公司。他现在经济条件也很好，是从省工艺退休的，住在杭州，在美国还有几栋别墅。

采访者：后来在这里之后又到省工艺去了？

何福礼：对，和徐经彬一起去的，徐经彬也是调过去的，后面成为特艺科科长。

采访者：那么您前前后后在东阳的木雕竹编厂工作了多长时间？

何福礼：我1958年进厂，有二十八年。

采访者：二十八年中您印象特别深刻的是什么？

何福礼：二十八年当中，记忆最深刻的就是，我们竹编原来都是做器皿一类的，没有做动物，没有做人物。在生产方面，分开以后，经过我们的努力，在我们县委、县政府的正确领导之下，我们竹编大踏步地前进。发展竹编事业，原来主要做粗的活，后来能干细的活，做过国家领导人出访的国礼，也做过美国收藏的一个作品，日本一个姬路城①模型就是我们做的，有好几个国家收藏了我们东阳竹编的作品。这证明了我们在这几年当中，经过竹编人的共同努力，我们东阳竹编技术水平有了提高，这个我的印象比较深刻。

采访者：你们一起工作过的哪些人是您印象比较深刻的？包括

---

① 姬路城，是一座位于日本兵库县姬路市姬山（海拔45.6米）的古城堡，是该市主体象征，由于其白色的外墙和蜿蜒的屋檐造型犹如展翅欲飞的白鹭，因而也被称为白鹭城，是世界文化遗产。

《花开富贵》

《吉祥如意》

厂里的领导、同事。

何福礼： 马宣华，马宣华也是主任，车间主任，马宣华的爸爸做手艺很好的，叫作马林玉。还有一个卢红福，他们都健在，一个八十七岁，一个八十九岁了。还有黄树银，我们现在是亲家了。他们对我也充满了期望，（说）现在竹编要靠我了。我是他们的接班人一样。他们同我是一代，我七十几岁，他们八十几岁、九十几岁，这样隔了一代人一样，竹编行业寄托在我们身上。成为国家级非遗传承人，我肩负了重担，我一定要把竹编保护和传承好，传承是为了发展，不发展就证明我们越做越窄，就不好了，要创新，要奋斗，有奋斗才有幸福，现在提倡奋斗精神。在竹编行业里，我们也要这样。我自己感受到，在我们几代人的身上，包括我孩子，要一直传承下去，那才对得住师傅和上级领导对我的期望，这是最好的回报。这样他们才会放心，否则就会让他们感到你这个何福礼，希望寄托在你身上，但你自己都不做了，改行改掉了，那就麻烦了，对吧？我也走过弯路，我当时想竹编赚钱很难，做袜子赚钱容易一点，我从意大利进口的机器，自动化的，做过袜子，但是对竹编我没有放弃过。

采访者：那个是几几年的事？

何福礼：1992年和1993年做过袜子。应该说做袜子也很好，我喜欢创新，人家没有，我有，人家做不好的东西我想做好。我有竹编厂，还有一个袜子厂，原来做袜子是用土机器做的。董事长这个人不懂得管理，有点乱来的，他投资大，占比百分之五十一，我们占比（百分之）二十四，还有个意大利老板占比（百分之）二十五，股份制的，股份占的多，有些话我们讲了他不肯听的。袜子厂只有二十四台机器，我们利润最少的时候一天有一万，他当时同我讲，你只要客户拉进来，我们利润分成是一模一样的，你五十我五十，我说不能这样分的，合资企业有规定的，要懂得合资企业的管理。你股份多少，赚起来按照那个股份分红，你亏掉也按股份分。我说这点管理，我当过副厂长我有点知道。他借外账给人家借了五十万元钱，董事会也不通气，五十万进去了。董事会规定，十万以上要董事会研究，这个属于大钱了，要商量同意，借也好，向银行贷款也好，都要这样，他不管，他说五十万借出去，我们都不知道。

采访者：那管理就乱了。

何福礼：很乱的，第二，他贷出来了一百万美金买设备，也不同我们商量。意大利那家公司跟我们提出来，他说这种人不好长期合作，目中无人。这个客户我是认识的，我去意大利请过来的。两年以后，我就退出来了。我退出来了他钱给不出来，我分到了十台机器，我们十台机器很少的。后来他越经营越亏，然后去了拉萨那边。我对现代化管理没有经验，电脑我又弄不来，但对经营性管理我是有点经验的，我们做产品，估价要估得正确，成本核算这点是一定要的。比如税收是多少，费用多少，成本多少，工时多少，这样几大类算起来多少钱，再加上剩下来的这个利润。这点如果不核算好的话，不管在哪里经营都要吃亏的。我两年赚了一个尼桑工具车，免税都要十九万多，日本进口的，当时在东阳也算是最好的车。

采访者：何老师，东阳的竹编厂成立之后，当时组织部找您谈话，希望您能够担任竹编厂的厂长，但是后来听说您婉言谢绝了，是出于什么考虑？

何福礼：有两个原因，一是我妈妈当时叫我来学手艺的时候，她交代过："你去学，学一行要爱一行，不要三心二意。"我妈妈还是有一点文化的,她是采茶姑娘,原来在杭州采过茶叶,还是比较开放的,后来她学做裁缝的手艺。

采访者:她做过裁缝的?

何福礼:嗯,做过的,她叫我学手艺要学一行爱一行,要专一行,不要三心二意,这山看着那山高,这里做做又要调工作了,这样是要学不好的。老妈对我真的很费心,她说你跟叔叔去学,叔叔肯定会毫不保留教你的,你放心,你要成为一个比较有名气的人,她这样讲。我是这样的想法:这话我一定要记牢,我一定要坚持下去。竹编也有风险,我一个小青年来学竹编,有些人也看不起我们,看不起手艺人。现在很看得起,越老越好,做出好的作品出来,当时我们觉得有点难度的。我是真的听我老妈的话,我记得很牢的,学一行爱一行,一定要搞出自己的风格来,她讲话很中肯的,我永远记在心上。第二还有一点,我为什么征了十亩土地?我七岁时候土改,解放了,共产党分给我们田地,有些人欺负我没有老爸,我们分的田,抓阄刚刚好分在中间,分在中间我们种湿的,他们种干的,我们田里的水要流给他们的田里,他们也有好处,他们反过来欺负我家里没有爸爸。

采访者:就是没有劳动力。

何福礼:我们把土改的田卖掉。老妈讲,卖了是为了养你们,他们这样弄只有卖了。我说没关系,你卖掉好了,你卖掉一亩我下次买十亩。我十亩土地买好了,我就到老妈那里去讲了。我这个人意愿很有的,我老妈讲过的话,我自己讲过的话,我肯定能做到。领导叫我怎么样,叫我一我肯定一,叫我二肯定二,我不会三。当时我说我妈叫我来学手艺的,推脱说我文化水平低,这个也是一个因素,第二因素,实事求是讲我不喜欢当行政干部,我想当技术员,想下次成为一个设计人员,我的意愿就是这样,我就对领导推掉了。

采访者:推掉之后,你们厂里对你工作有什么安排?

何福礼:我仍然当了副厂长,群众对我印象很好的,我说请你们放心,厂里工作我绝对会做好,保证会更加支持你们的工作。

采访者:1982年的那个时候,竹编厂换了一个新的厂址,那么当时这个新的厂区的状况怎么样?

何福礼： 新的厂区，有 35 亩土地，木雕厂只有 40 亩不到一点，和竹编厂差不多大。那里地理环境很好，地势比较高，在蝴蝶山，名字也取得很好。这是金华市一个领导同东阳市委书记一起去选的，选了最好的地方，叫蝴蝶山。我们改造得也很好，当时我们东阳竹编厂厂房最高了，山坡上造了一个九层楼，九层楼当时在东阳市是最高的了。

采访者： 您在东阳的木雕竹编厂，包括后来的竹编厂，工作这么多年，那么厂领导对传统技艺方面是不是特别关注？再具体一点，比如对出人才、出作品有没有什么好的办法？

何福礼： 那个时候，有几种办法。一种是我们厂工会组织员工去看戏，看电影，基本上一个月组织一次。厂长要告诉我们，去看戏要动点脑筋，今天去看《杨门女将》，或是《沙家浜》，看现代戏，我们要画得起来。比如说《沙家浜》，那个胡司令怎么样唱的，观看《杨门女将》的时候，穆桂英怎么样，或者谁怎么样，要画出来。厂长告诉我们，尽量画好，但真的画不好也没关系，关键是心要放进去，证明你看电影很认真的，你在研究，认真看戏，才能够认真画出。题目都是厂长出的，他说："你们画画，一定要按照我的要求，意境都要画出来。"

《龙凤盘》

采访者：有任务的？

何福礼： 这个不光是去看戏，更要提高我们的绘画能力。第二，木雕不仅要会画还要会做。画不出来毛坯，就做不起来的，打毛坯要有深浅层次，我们竹编也是一样的，从远景到近景都要按层次做出来，画面要让人家看得很舒服。那个时候没有电视，去看戏的时候也是这样，大家要开动脑筋。要考试的那几场戏，那天整个电影院都是我们包下来了，戏馆也包下来了，就是我们九百多人一起去看的。

采访者：刚才您讲包括看戏，都是带着任务，要你们去学会观察，另外木雕和竹编，有没有专业技术上的比赛或者是技能方面的一些活动？

何福礼： 我们木雕厂也好，竹编厂也好，是比较好的，每个月要上一次技术课。上技术课就是提高整体工人的素质，这样质量才不会出问题。比方说这条凳子是我创作的，做这条凳子前，就叫我来讲这个课，讲我是怎样创作的，批量生产要怎么做，哪些地方需要注意，不注意的话质量要出问题，要讲明白。我们竹编要做出一个好的作品，设计方法是怎么样？思路是怎么样？再么劈篾丝要多粗，多厚，

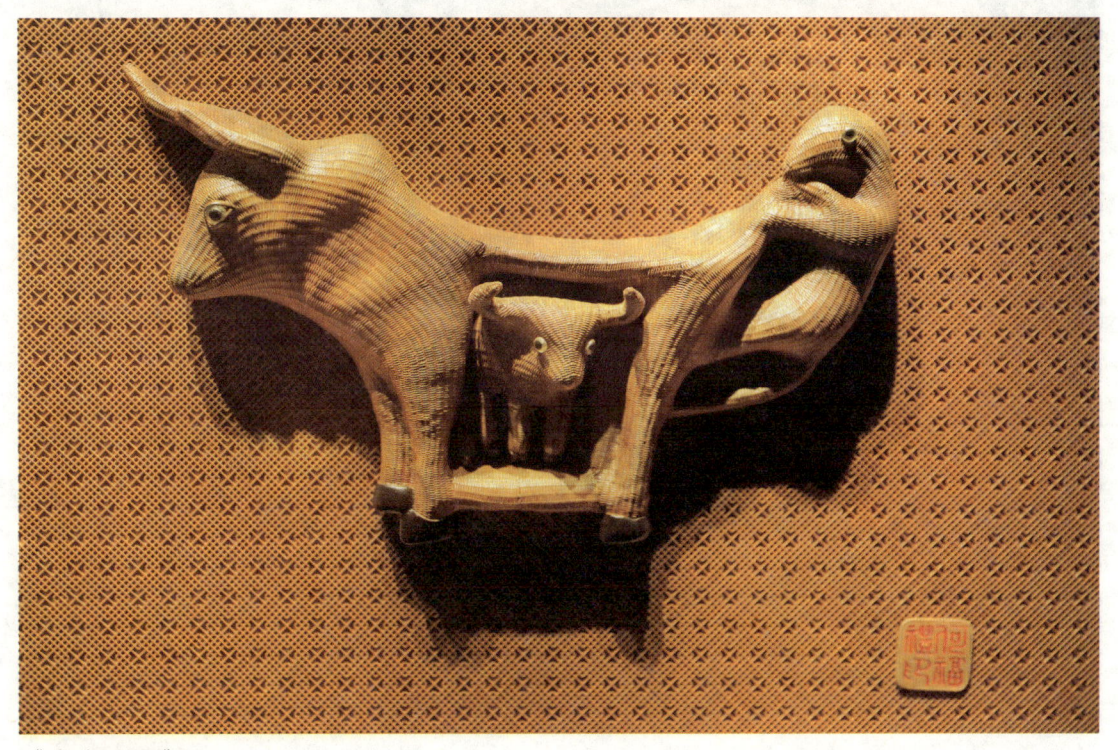

《牛虎同安》

经篾多少，颜色要怎样，配比要合理。一个月要上一次。我现在在厂里一年都要上几次技术课的，我也要讲的，讲了之后要让他们对质量问题引起高度重视，哪几个方面可能出问题的，竹子的取材，刮篾要刮得均匀，厚薄要均匀，粗细要均匀，这些方面要同他们讲清楚。这个不是只有我们竹编厂要求这样做，我们东阳木雕竹编厂都是这样要求的。当时其他地区的人都到东阳木雕厂、竹编厂来学习，证明规章制度是很好的。另外一个，应知应会，应知就是要考试，要写出来，你这个作品它为什么要这样设计，设计的特点在哪里，材料是什么材料。应会也要考试，做其他那种产品，批量比较大的，通过考试来促进技术的进步。厂里是比较严格的，考试对我们增加工资、提升级别都有好处，以这个为主要依据。

采访者：当时你们东阳木雕竹编厂，这么大一个规模，九百多人，下面又有很多车间，包括木雕车间、竹编车间，以及一些专门设计的，那么部门之间交流多不多？

何福礼：每半年有一次交流，全体员工参加职工大会，由厂长或某个负责技术的或负责质量的副厂长来讲。讲了以后，各个车间要派一个代表去发言，去介绍，这样才会有个竞争，互相促进，取长补短，那就共同提高。一年要总结一次，来考核哪个车间产品质量做得好，材料更节约。考核之后，为评先进车间、先进班组提供依据。

采访者：听了您今天下午的介绍，在木雕竹编厂，当时您正是风华正茂的年纪，包括您和陆光正大师、冯文土大师，当时都是里面的技术骨干，现在都已经成为东阳木雕行业内的领军人物，那个阶段的经历和经验对你们各方面有提高吗？有帮助吗？

何福礼：有的。厂里的技术骨干都成立了研究所，有木雕研究所，还有油漆研究组，我们竹编也有研究组，每个车间都有个研究组的。我们管理比较好，科长在扩大生产之前，都要填一张单子，单子放在木工车间取料，一百套，毛坯车间一百套，再到装潢车间一百套，最后到油漆车间，油漆车间一百套送到成品仓库，再运出去。都一百套一百套的，这个生产单子排得很好。我们在竹编厂的时候只有五十几万贷款，五十几万贷款已经算是很少的，产值都做过八百多万，贷这点钱是很少的。我们木雕厂原来有个副书记，他是会计出身的，在药房里待过，他们称的那个中药，都讲克数的，要最准确的话，不能多也不能少，拣药是这样管理的。实际上这位副书记觉得我这个人有点管理水平，有点想培养我的意思，我同他的意见一致。当时我们分出来以后，生产科说我们这种经营管理方式太落后了，后来他们不跟单子了。后来在我们竹编厂，我去查账，布置生产一百一十套，运出去九十八套，成品还有十二套，单子也不跟，油漆里就欠掉几套，到仓库里也欠了几套，送掉了或者是哪里拿走了，这个十二套放到成本里面，你赚的钱都被这十二套消化掉了。我们出来以后，厂里经营管理跟不上，造成我们厂里拍卖时账面亏损八百万，只能卖掉地皮得了一千多万。我们有句古话，"辛苦赚钱快活用"，这个全国都通用的，赚钱要辛苦，用钱要快活。用处是尊敬老人、尊敬长辈的钱，这种钱用起来非常有趣，很快活。你说乱花那就不对了。

采访者：当时你们厂里，有没有派技术骨干到外地去学习或者培训？

何福礼：有的，我们实事求是讲，木雕在外出学习方面做得要好一点。陆光正、冯文土这两位中国工艺美术大师后面有一个十多人的设计团队，他们每年去实地考察，要画出作品来。我们竹编和他们不一样的，我们不需要考察什么地方，只要到原来竹编做得好的地方去学习。四川比较远，没有去，福建去了好几次。福建当时也做得很好，嵊州也好，我们要学习他们好的经验，他们叫生产科长、技术科长、厂长他们来介绍，怎么管理，怎么开发新作品，要这样互相交流，才能有所提高。第二个方面，我们也有好多人，包括竹编厂也有的，送到美院去学画画、泥塑。

采访者：一般去的话是多少时间？
何福礼：有些是一年，有些是两年。

采访者：你们厂里当时哪几个人去的？
何福礼：我们厂里有三个人去过，一个蔡培懿，蔡培懿是三年，在杭州，那个时候叫浙江美院，现在叫中国美院，他在中国美院雕塑系学习了三年。还有现在我名字叫不出来的两个小青年去过，其中一个是女的。这三个人都去过。我们既要派出去学习，也请进来讲课。

采访者：当时的浙江美院，有没有派老师到你们厂里来指导过？

《满载而归》

何福礼：来过，现在画画很有名的吴山明①老师，还有我们都熟悉的刘国辉②老师，现在都是很厉害的人了。我那个时候喜欢喝老酒，刘国辉到我家里喝酒，就画了一张《李太白醉酒》送给我。现在保留在儿子何红兵那里。当时我还不太喜欢那个吴山明老师的画。

采访者：他是画人物的？

何福礼：对。当时我们两个厂都能做到派出去和请进来。我们有对口的，好的尖子，像我年龄大，文化程度比较低，接受难度比较大，如果去学习两年的话，我们厂里也不同意，我是技术骨干，又不能走，只好请他们来讲讲课，怎么样塑。我现在也会泥塑，塑的没有我孩子他们好。画画技术差一点，我塑起来还可以的。

《双狮戏珠》

---

① 吴山明（1941—2021），浙江省浦江前吴村人。1960年毕业于浙江美院（现中国美术学院）附中，1964年毕业于浙江美院中国画系人物专业，系中国美术学院学术委员会委员、教学督导，中国画系教授、博士生导师，中国艺术研究院博士生导师。
② 刘国辉，1940年生于江苏苏州市。1960年毕业于浙江美术学院附属中学，同年分配至浙江工艺美术研究所。1979年考入浙江美术学院中国画系研究生班，1981年毕业后留校任教，受聘苏州大学兼职教授。

采访者：艺术都是相通的。

何福礼：艺术是相通的，木雕厂的冯文土去过，陆光正也去过，都是浙江美院，我们同美院的关系很好。应该说，还有杭州市园林文物管理局（今杭州市园林文物局），他们搞设计的，园林怎么样装修怎么样装潢。杭州一个周鲁斌，也是浙江美院分配到我们那里工作的。有一次我们去了杭州，周鲁斌带我们去参观三个展览馆，一个是红太阳展览馆，现在叫浙江省展览馆，延安路与体育场路交汇口，市中心，还有个蔡永祥[①]纪念馆，还有一个什么纪念馆，三个纪念馆。

采访者：当时你们那些作品要不要送到外面去展览？

何福礼：要去展览的，我们的作品很受欢迎。我当时的一件竹编作品《大海航行靠舵手，干革命靠毛泽东思想》，一个红太阳，放光芒的。我只留了照片，作品被我卖掉了。本来这个作品是很好的，当时我同他们讲，我是成分比较好的贫下中农，不要我打不好给我戴那个"帽子"，我怕"帽子"，"文化大革命"那时候一句话讲错了，就戴"帽子"了。我们这种大老粗讲话心直口快，容易得罪人，容易讲错话，我这点是很注意的。"文化大革命"期间，我们厂里有几个例子，讲话不注意，马上被定为"反革命"，关牢里了。

采访者：当时您讲的参加外面的这种活动，具体介绍下当时参加了哪些活动？

何福礼：我们那个时候一年一次选样会，送到广交会（中国进出口商品交易会）。这是要省工艺品进出口公司他们来挑选的，全省的竹编定下来后，文件下来，这次要送到嵊州。大概的意思告诉你，你要做四十件新的作品，东阳也有四十件，好的几个单位就多少分给你，选的时候不一定四十件都选到，要好中选好。这次三十多家搞竹编的企业，总共选了八百件。这八百件谁创新的多，就选谁的多，那业务就大。

采访者：您是说很多厂的业务员通过这个广交会拿到订单的，

[①] 蔡永祥（1948—1966），安徽肥东人，浙江省军区三支队三连战士。出生于贫苦农民家庭，8岁入黑石小学读书，经常提早到校，打扫校园教室，学习用功。入伍后，立志发扬革命前辈的光荣传统，以董存瑞、雷锋为榜样，把自己的青春献给祖国。1966年为保护钱塘江过桥列车安全而壮烈牺牲。

厂里的业务有些也是通过广交会或什么途径接到订单？

何福礼：我们厂里是这样的情况，老客户占三分之一，主要是来自美国、德国、澳大利亚和西班牙的客户。我做得好的作品，老客户翻单了，交易会之前，平时要来订，他卖掉了总要来买，这占了其中的三分之一。还有三分之一就是我们要靠宣传工作，大多是新的客户，一个团队来，他说竹编很好，订了一些产品，这种临时的客户，占三分之一。一年基本上是这样分的，这几个方面凑成百分之百，全年的任务就够了。

采访者：1983年，浙江省工艺品进出口公司组织一些专家到澳大利亚的墨尔本和悉尼等地参加展会，当时上面是点名邀您参加这个活动的，引起了非常大的轰动，请介绍一下这个经过。

何福礼：1983年我先到墨尔本，在墨尔本待了半个多月，去参加一个展销会，这是省工艺品进出口公司成立以来第一次，总共十一个人去的。

采访者：你们东阳去了几个人？

何福礼：东阳就我一个人，其他都是省工艺品进出口公司的，省工艺特艺科一个，竹料科两个，还有其他什么扇子科室、书画科室，它由几个科室组织起来，都是大学生为主的。王杰总经理带队的，有四个女的，总共十一个人，下面工厂就我一个人。为什么？当时我是副厂长，他们说每天要劳动的，我又会表演又会做饭，十一个人的饭都是我们自己做的。我能听领导话，叫我一我就一，我要烧饭做菜，要采购食材也是我去买的。十一个人吃饭要好多菜了。他们都懂英语，要谈生意。我是表演过以后就早点回来买菜。早饭要烧好，中午饭要回来吃，晚饭也要回来吃，我比人家要多做点工作。洗碗她们那些女同志都会来帮忙的，王经理要讲的，你们就让何福礼一个人干，你们也要去洗洗碗、洗洗菜，他都要布置的。那个王杰经理人很好的，我们去了澳大利亚四十八天。我是第一次出去，在墨尔本影响也很好，悉尼影响也很好，首都堪培拉我没去过。

采访者：那另外的人有没有去？

何福礼：另外的七人都去了，我们四个表演的人都没有去，一个王星记，现场的有一个，一个是青田石雕的。

采访者： 青田石雕那位叫什么名字？

何福礼： 原来是特艺科的，现在早退休了。还有省工艺品进出口公司韦俊才也去了。青田那个也是青田调上来，在省工艺美术研究所的。我们四个人没有去，我们去表演，就好像今天去金华，明天到衢州，后天到湖州一样，他们派两辆车送我们。我们是每天去表演，有空我们也就休息了。我每天到一个老板那里做竹编，他说我很认真，做得很好。他晚上问我可不可以加班，加班钱一个小时两块美金。我说没关系。我想想这样也好的，白天五美金，相当于一天有七美金了。我每天晚上给他修椅子，散掉的藤椅看着很难修，实际上懂的人很快的，两个礼拜我把他全部的藤椅都修好了。我给他修好之后，卖得很快。这个老板很喜欢我，对我特别好。主要有两个原因，一个，我每天在那里劳动，他钱给我后，我是走路回来的，他们乘公交车，我不懂英语，哪个站哪个站弄不清楚的。它不是哪一个站哪一个站告诉你的，没有的，你要自己拉一下，铃响一下，驾驶员知道了要停下来。我们要去乘车，门牌要记牢，哪两个字母，哪个车站下车，要记住，不记住就麻烦了。有一次坐过头好几站，有次没有到就下车了，我说干脆走路好了。

采访者： 走路从那个场馆到住的地方多长时间？

何福礼： 四十分钟，不是很远，我这个人喜欢走路，也是锻炼身体。我这样几天干下来，那个老板有次叫了一个女翻译跟着我，她是中国台湾人，会讲国语。一般我去修藤椅，她不跟来的，再以后她每天跟着我。我去跟领导讲了，有个女的跟着我，一点都不方便。翻译说我这几天工作，感动了老板。我说为什么感动？我都拿钱的，不用感动，我应该做的。她说老板的意思是，叫我最好不要回去，留在那里。我说我不好留在这里，留在这里，我们带队的领导，要降级的，要受处分的，我还有老婆孩子，我一个小家庭被拆掉了，何必？我说你有什么困难需要我做，寄来我也可以给你做，订单上我也可以给你做，这又没关系。我说我在这里也讲不来英语，我像个傻子一样，我绝对不在这儿。他说叫我去牛奶厂工作，偷偷躲起来就好了，我说这个肯定是不可以的，我是中国人。这个事情我同领导汇报了，领导说，好，何福礼，做得好，有骨气。第二个他要批评我，为什么？人家都穿西装去的，我穿了一件做得很好的中山装，是在上海百洛蒙做的，衣服做得很好。当时人家看不起我们中国人，领导要我们穿西服去冒充日本人，这样出去很安全。你不要开口，中国人和日本人，长得差不多，我也不是很高，几乎和日本人一模一样的。有两次领导对我进行批评。他说，你就是这点不好，要为自己的安全负责。我说没关系的，中国人穿一件中山装，我管他，我还是坚持穿。现在他们省工艺品进出口公司都还在讲何福礼最威风，那个时候在他们印象中，头发有两个月左右没理，很长了，他们说和陈真一样，中山装穿穿，多么威风。我们那个省工艺品进出口公司，建公司十周年，我有好多照片，人家一张都没有，我们厂长徐经彬去了四年半，连个照片都没有。我们第一次跟领导出去，我在墨尔本表演，他们都给我拍了很多照片，我有好几张照片都放到那个纪念十周年的画册里。当时徐经彬厂长就讲了，他都白干了四年半，照片都没有，我去了澳大利亚两个月都有这么多照片，还要发到全国。他说当时对我有点不服气。那个时候很严格，在墨尔本的时候，三个人以上才好出去，你要到亲戚那里，不能超过两个小时就要回来，女同志跟经理可以去，他们说跟我也可以出去，跟几个人可以去有规定的，一般不能随便出去。他们讲过了，你们出去的话，不请假，回来在东方宾馆要总结，每个人都要写总结报告，再说我写也写不好，我说我还是讲好了。现在回忆起，我是讲了五点：第一，能听领导的话，领导叫我做什么就做什么；第二，我说我可以烧饭，虽然我做菜做得不好，总比吃西餐要好一点，像蒸鸡，我们东阳的土办法，买个锅，里面放点酱油，酒也有的卖的，绍兴老酒放进去，蒸起来的鸡很香，头几天一顿都吃掉两只鸡。唐人街去买很多东西，随便什么蔬菜都有的。他有规定的，一天要吃掉，你如果吃不掉要上交，吃掉没有关系。一天吃饭一百四十五块钱，中饭吃多少，晚饭吃多少也是有规定的。我说我也有做得不够的地方，一个是他们有规定要剃胡子，一天到两天要剃一次，有时候我要烧饭洗碗，经常要忘记掉。他们走时，要穿西装、系领带，而我穿的衣服是中山装，不大礼貌。

采访者：他们说最好要穿西装？

何福礼： 穿西装，还要系领结，要礼貌，我说在这方面我做得不够的。领导讲我好的地方讲了很多，提的意见就是，说我生活上做得有点小问题，下次改进就好了，领导主要为了我的安全，领导讲得很好。除了小结还有评比、表扬，他们说我表现是第一，最好的。总经理说我很听话，一个人做了两个人的工作，在展览馆布展的时候，人家背一张桌子，有时候一张桌子还要两个人抬，我是两张桌子都一个人背。他们对我总的评价是非常好的。有了这次对外交流的经验以后，我们这些去的时候还是科员的人，回国后都提拔为科长了。韦俊才当了特艺科科长，一个成了扇子科科长，十一个人除了经理以外，都当科长了。我1989年准备出来办厂的时候，有一次在韦俊才那里求大家的意见，刚好王老板来找韦俊才有事情，一开门王老板说，"何福礼你在开科长会议，你叫来的那些都是科长"。我说，"领导，不好这样讲的，我也不知道你把他们都提拔起来了"。他对我很诚心的，他讲了两句话，"第一，你何福礼随便走到哪里，只要有用到我们公司的事情，我们肯定支持你"。这句话真的讲到我心里去了。后来我出来办厂后，找他们借点钱，他说朱惠民副总经理分管竹编的，我同他商量就好了，需要我签字我肯定签字。我去借了三年，他说不要利息，他们很支持我。他说我对公司贡献很大。我对公司也表过态，我说不管你们竹编的事情，还是出口产品需要我做都行，做不出来的也给我做，做不好的作品也给我做，我竹编厂绝对接受，亏也做赚也做，你们公司对我这么好。后来他们公司的副总经理吴祖熙，过了几年也当了老总，孟庆武以后就是他，每个经理对我都很好。这就是做人要以仁相待，他们对我好，我一定对他们好，我对他

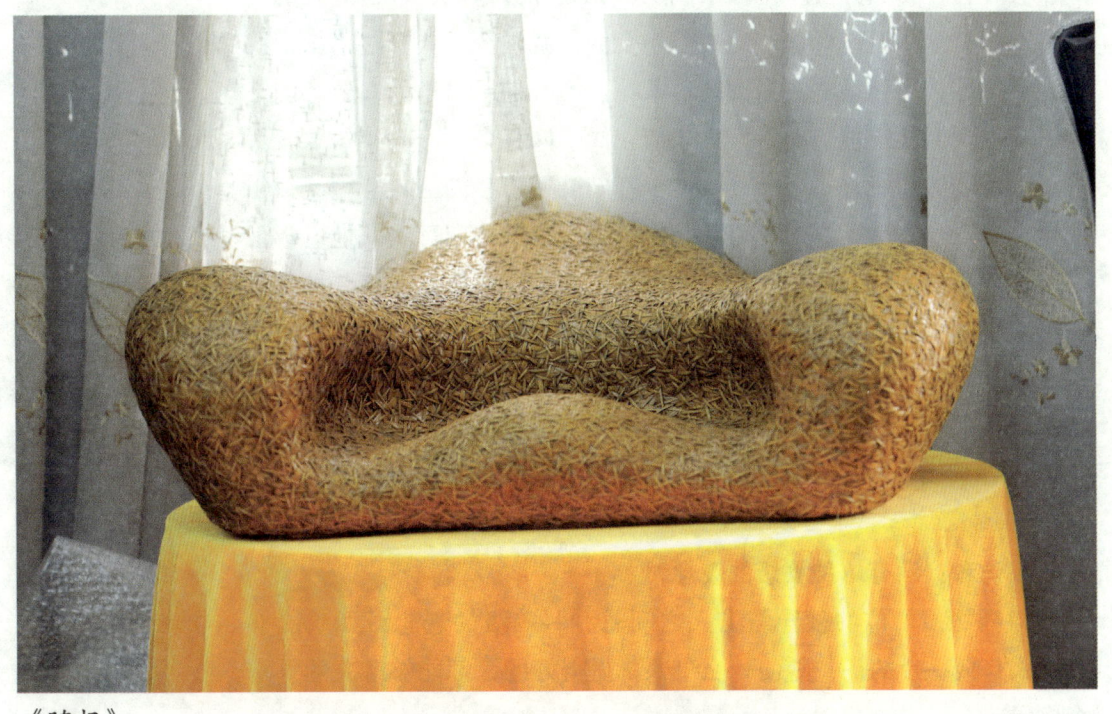

《随想》

们好，他们反过来也会对我好。我们竹编厂那个时候搞联营企业。联营厂一年要上交七万，这个上交主要是利息，二十八万的利息。我那个时候还没有从单位出来，美国人经常来我们厂，厂里连一辆轿车都没有，我们就向王经理讨来上海牌汽车，他说我要什么汽车，我说仓库里这么好的汽车都封停了放在那里，旧车给我们好了。他就把汽车无偿送给了我们。你看我们真心对他们，他们也真心对我们。有一年我们大厂里有困难，省工艺品进出口公司给我讨来钱，应该说厂长去讨的，我又不管财务，他们一定要我去向公司争取补助金，我说今年给你们公司做了三百多万产值，今年我们的利润比较少，我说你们公司应该稍微补助我们一点点。朱惠民副总说，你们打个报告我们审核一下，做了多少产值，我们补助你们多少，上海公司我们也去争取，一下子就给我们厂九十万补助资金，拿到后企业就造了那个九层楼。

采访者：就那个最高的房子。

何福礼： 最高的房子，在东阳算好了。我说我和其他厂长不一样的，我说企业福利要稍微留点。创造财富的是工人，没有工人就没有生产和效益。就我这个人是讲话讲不好，我当副厂长的时候，我就去开了一个会，要我去讲话，我去开会与其他人就不一样，人家书记、厂长去开会，要叫办公室主任来倒茶，我去开会他们不敢讲的我会去讲。那天是刚刚过完春节之后的第一个会，我说今天要反过来做，我说我们领导，办公室的要去倒茶，拿花生，分糖果给工人，要感谢工人。我说我们几个承包人，今年产值完成了四百多万，明年争取五百多万，里面的利润有一百多万，这个基础就在于我们工人。因此每年要增加职工收入，不少于三百块，以后我们争取有四百块。他们听了都很慌，我们厂长、书记听了以后都有点怕了，三年承包掉要加工资九百块，每年都要增加。再以后，他们不敢去讲，我说我去表态，我也是承包人之一，我这点不怕。我们要尊重工人，现在这样做就很好了。工人和干部像一家人一样。现在讲起来就是上下一条心，齐心协力。

采访者：没有这种等级的观念？

何福礼： 单位的领导与工人之间总有些等级的观念，如果能够同工人打成一片的话，随便什么事情都做得好的，都能够解决的。举个例子，有一次，我们有几万套鸡罐订单，当时产量很大，我算了，只要我们成本合理，我想绝对完得成。不能厂里提取得太高，下面加工点的工资太低，太低他们肯定不会来做的，我们要让下面加工点的老板有点好处，做的工人有点好处。我们订单的那个鸡罐八块九毛钱一套，原来的比例，加工点只有三块多点，我们厂里留得多，下面积极性就没有了。加工点说要四块多，四块五给他们，比一半还多点。为什么呢？我说我们要减少费用。我把办公室的一些人，车间里一些人组织到下面去，让他们按照我的图纸去做，去讲，去教会竹编的工人们技术，怎么做，你们按照文字去念，我把技术与技巧两者结合起来就成功了。后来还提前半个多月做出来。工作做得很好，越做越好，一点毛病都没有，那次厂长对我有点佩服。利润分配要合理，如果留在厂里的太多，下面就没有积极性了。两头要兼顾起来，这个是经验。我这个人要么不做，要做就一定要做好，那就很好了。

采访者：**刚刚讲到您去澳大利亚展示，当地媒体有没有宣传？**

何福礼：墨尔本相当于我们浙江一样，悉尼相当于上海一样，他们报纸出刊版面很大，他们发表的英语我不懂。他们说，报纸上的标题翻译出来就是"何福礼竹编——能编大象的魔术师"。

采访者：**评价相当高。**

何福礼：我正在编织那个作品，我做，老板去卖，卖出的钱是他的。那时候一天，澳元收入有四百多块钱，好卖。

采访者：**那么当时做的竹子产自什么地方？**

何福礼：竹子是集装箱运过去的，集装箱运过去没关系。当地媒体，好几家报刊报道过我，那个时候省里封我一个艺人专家。现在是浙江省文化厅命名的，原来是二轻厂命名的，回来专家也没有了。当时我同韦俊才两个人，做一个晚上八块美金，韦俊才四块我四块。本来光板的，他画了我去铲，我铲一下弄一下，一个晚上。那次我从澳大利亚回来时，买了一个十四寸的彩电，在家里放了三年，当时没有彩电转播设备放不起来的，放不出来彩色画面，只有黑白转播。

采访者：**当时彩电是很稀奇时髦的。**

何福礼：确实很稀奇，王老板都表扬我们会精打细算，我还带了一台彩电回去。因为我们手上有技艺，晚上叫我们去绑一绑藤椅，赚了四百块，买一台彩电只要一百多点美金就够了。

采访者：1983年，您组织创作了一件《九龙壁》，长有六米多，高度也有两米六八。这个作品是哪个地方布置的？

何福礼：那件作品应该说是参加轻工业部的组织评比。根据当时轻工业部的要求，浙江省二轻下了具体文件，原来有轻工业部，现在没有了。轻工业部转发的文件，大概是十月几号要开全国工艺美术展览会。

采访者：当时搞了个大型展览会？

何福礼：当时要求东阳要做什么作品，嵊州做什么作品，具体是省工艺美术研究所雷天恩所在的样选科在搞的。他发给我们一个文件，在我到澳大利亚之前他们布置的。我回来以后，厂长同意我做不同的编织方法，一条龙一种编织方法，球的编织方法，其余的编织方法，那次用了八十多种编织方法。中央人民广播电台也广播了，在全国第四届百花奖评比中，东阳竹编作品《九龙壁》被评为金奖，是最高奖项。

竹编四条屏

采访者：浙江有几件作品评到这样奖项的？

何福礼：嵊州是银奖，再还有一个新昌是希望奖。三个奖项都在我们浙江：金奖，银奖，希望奖。获得希望奖的做了一个天坛，嵊州大概是《八骏马》。我们这个题材，构图较好，编织方法比较多，看着层次也比较好，比较完整。我把一条龙锯成九段，把九个骨干组织起来，每个人出三种方法，三种方法我来选一种。我布置掉，我自己也用三种编织方法，老师傅们也三种三种编掉，二十几种我挑九种，厂里他们都同意我选的方法。我九种方法选好以后，再叫厂领导来看。现在九条龙九种编织方法完全不一样的，火球不一样，水波纹不一样。就是这样做起来。当时由轻工部一个女的副部长来评的，她有点苛刻，说竹子没有保存价值的，不好评这个金奖。我说，不是只有金子可以，田黄石石雕也可以评的，但是石雕也要破掉的。我们同他们那个部长反映，竹子在保护得当的情况下也能保存很长久。还好一个评委会主任吴老先生是义乌人，是中央美院的院长还是书记，他说没关系，副部长在专业业务上不太了解，竹子也有保存价值的。那次陆光正也去的，周尧柱去的，我也去的，我们几个人去的，都在北京。陆光正是评委，周尧柱还不是正式评委。厂长参加，我在外面的房间里坐着。那天评到金奖以后，吴老马上打电话来了。我熟悉一点，我是义乌人，他讲义乌话的，他说："何福礼，你们东阳那个《九龙壁》评到金奖了，你要高兴点。"这个人很好的，真的，他对我的鼓励很大，他说评委一致通过，我们这个气势也很好，编织方法也多，又做到这样细，竹子能做出这样的作品，每个评委都很服气。

采访者：您的这件作品工艺达到极致，还有新的创意。

何福礼：创意很好。他说评到金奖以后，晚上《新闻联播》要播出来的，第二天《人民日报》等报纸都刊登了。

采访者：当时创作的这件《九龙壁》，厂里其他人有没有不同的意见？

何福礼：有很多。设计的人很多，快要做好了他们还争吵，争起来很厉害。陆光正讲他们也不听，我说你们不做我们几个人做就好了。我叫了一个木雕的师傅，我说我们做好一点，很快的，胡须弄好就好了，第二天就完成了。叫他们来验收。当时做到凌晨两点多钟吃半夜餐，吃完之后他们都还在争，要怎么样怎么样做，我说不要争了。

采访者：大家争论的主要目的是想把这件作品做得更好一点。

何福礼：那个是对的。有些工人往往不理解，说你在这里硬坚持自己，想要出风头的样子，有些人理解错了。经过争论，应该说提高了我们的艺术水平，不要弄得私人有成见，私人有成见就没意思了，对不对？应该说我们争论是为了如何提高艺术表现力，我们想做得完美一点，这样就好了。

采访者：那么这件作品当中，您新创作了几种编织方法？

何福礼：我的采用了三种，其他人的采用了六种，一个叫作桂圆孔，反穿龙，那个反穿龙很难做，反过来一个孔一个孔很像鳞的，还有一个是竹丝穿藤法，那个龙穿过藤，穿藤别人都认为做不起来的。还有一种编织方法也很难的，这三种技法是我独创的。我在《九龙壁》的问题上得罪了好多人。他们说做不起来，我一定要坚持做。我说弯曲部位像跑道一样的，里面要小一点，外面要大一点，其实距离是一样的，五百公尺就是五百公尺（注：一公尺就是一米），三百就是三百。这里篾丝细一点，到远一点的地方粗一点，那它会编过来的。我这样去讲，有些女同志理解不进去。好几个被我骂哭了，我说你们怎么这样差。

采访者：何老师，这件作品您大概花了多少时间？
何福礼：花了五千工左右。

采访者：前前后后几个月时间完成的？
何福礼：前前后后两个月零三天。

采访者：多少人参与？
何福礼：竹编车间就四十多人，每个人我都安排进去，包括油漆、木工，还有好多其他工种的人，制坯都是我亲手去安排的，五千来工。

采访者：那么这件作品现在在哪个地方保存？
何福礼：这件作品也在香港展览过，现在放在东阳木雕博物馆。

采访者：这件作品获得了这么多荣誉，专家与同行有什么评价？

何福礼：我们那个时候开过一个鉴定会，给这个作品一个估价，质量怎么样，技术水平怎么样，如果有人买的话要卖多少钱。当时估了价格，1983年的时候要一百多万，一百多万是按照很正常的价格。香港有一个人想买走，我们厂讨论决定要一百五十万左右。五千工左右，你拿一百万来算算，多少一工，现在十倍也不够。

采访者：当时工人的工资很低的，几块钱。

何福礼：我的工资比厂长还高，他们是干部身份，我是以工代干，我觉得干部身份不划算，工人身份每一个月要高两块多，我说我宁愿不要做干部，我当工人就好了。

采访者：当时像你们这种技术工人几级？八级封顶了？

何福礼：技术工分成八级。省内产竹编的几个县来东阳参观，嵊州特地组织来东阳参观，新昌、浦江、武义、安吉，省内比较好的几家竹编厂都来过，看的人很多，当时震动了我们整个工艺美术界。

采访者：浙江工艺美术品进出口公司包括省工艺美术研究所，有没有来过？

何福礼：来了，作品运回来的时候开过鉴定会。

采访者：对你们主创人员，后面企业有没有什么表彰奖励？

何福礼：厂里进行了表彰，还发了季度奖，我们县政府、二轻局记一等功，对做出贡献的加工资一级，有些人获得了特等奖，奖金一百块。

采访者：那么当时你们都是记功的？

何福礼：我们有好几个人记功的，木工一个记功，油漆一个记功，设计一个记功，竹编一个记功，四个人记功。包括那个周尧柱厂长，也记功。县里表扬了二轻局还记功，少的加一级工资，记功一次，对我们来说是很高的荣誉了，东阳从来都没有这样过。《九龙壁》做出来了，《人民日报》刊登消息就大不一样了。中央广播电台《新闻联播》播出来后，大家都很感动，也很高兴。

竹编作品《九龙壁》

075

《九龙壁》作品局部

采访者：这件也是何老师亲自组织创作的第一件作品。

何福礼：是的。我的第二件作品，是我做的那个长龙，香港回归时做的。当时是民政部下到我们省民政厅，再到东阳民政局。东阳民政局的局长，是我老婆的同村人，他来问我做不做得起来？他相信我做得起来，我说我"讨"（注：主动要求的意思）是不会来讨的。他说要带点政治色彩，价格要便宜点。我第一次把竹子运用好是在《九龙壁》上。第二次就是把竹子运用到长龙上去。那个龙相当长，有五华里（注：五华里等于2500米）长，明天我把照片拿出来给你们看。我们县委书记杨秀春，前天晚上我去义乌喝老酒都碰到过他，他现在专门在画画写字，写字也写得比较好。他在东阳封眼，香港特首董建华的开眼、点睛的照片都挂在那里。省厅里有人去，北京有人去。那个月很忙，我没去，后来香港我去得很多。在我们做龙的时候，北京一个司长专门在这里盯，香港每礼拜来两次，检查质量，检查进度。当时我报价报了九十几万，领导要我有点政治觉悟，我说那就七十万好了，便宜二十万。后来他汇来二十几万定金，我们家里人真的很诚实，他通过上海服装进出口公司代理的，他第一次用港币汇过来二十几万，我没有港币的户头，拿不出来。我到人民银行行长那里讨教，刚好碰到我们东阳县人大来调研，人大常委会主任是义乌人，我不认识。他说我是他老乡，讲义乌话，问我有什么事找行长？我说港币汇过来，银行说不能收，要退回去。我说退是不能退的，多麻烦。人大常委会主任去讲了，叫银行怎么变通，先收下来，是不好

香港特别行政区首任行政长官董建华为长龙点睛

退的。行长就立即行动了,叫我收下来。香港这个公司太大,管理上可能有点混乱,在结尾款的时候,我说这个不对,又把七十几万汇到我的账户里,变成九十几万了。我主动打电话给上海的公司,说他们几号汇给我的钱有错,他们应该扣下预付款。那个科长还批评了我,他们这样大的公司还会出错?开什么玩笑。我说真的不开玩笑,第二次汇过来多了二十多万。我去复印了发票传给他们看。他们公司还要送个锦旗给我,我谢绝了。我这个人就是这样,自己的钱是自己的,人家的钱,我一分都不要。他到这里来,我请了几位好朋友,我们属于外贸局管的,请了外贸局的领导,二轻局的领导,银行的领导一起吃饭,说今天这顿饭要他们上海人请客了。那位科长,答应我三个条件。第一,不要对会计、出纳扣奖金,这个责任在他自己身上。他自己要反思一下这次的失误,这是第二个。第三个,现金不好带,他给我开一张支票。我就提了三个条件。后来多次写来信,多次打来电话,说我随便什么事,进出口公司都会帮忙,要做衣服他们样品都有的,我们拿去做。我还是做我的竹编。

三、1989年创办东风竹编厂

采访者: 1989年您已经是东阳竹编厂的副厂长了,当时您为什么要考虑出来创业?

何福礼: 我当时是这样的想法,我正因为国外去得多,知道国外大多是公私合营,私人企业很多,我们中国刚刚开放没有几年,我想试试看,我们中国的改革开放政策怎么样。我在家里开过一个小会,大儿子、小儿子、女儿、女婿,我说我们国家改革开放了,我们厂里是集体所有制,我想资本主义国家也有好的地方,等爸爸先出来试试看。我从公司出来后,我想调到义乌去,我老家是在义乌。我想自己办一个厂,我征求领导的意见,领导讲,我不管走到哪里,他们都支持我到哪里,放心好了。结果说还是考虑先调,我是担心出来之后,社会保险不缴,我今后退休工资都没有了,这个要先保证起来。当时我们厂里有点不大团结的意思,是领导班子不团结。我们有三个副厂长,有位副厂长讲话比我还直爽一点,他调到丝线厂,我的主张同他不一样,他是搞油漆出身的,我是搞竹编的,我想给自己留一条后路,我宁可自己办竹编厂,这样我维持了五年。改革开放五年以后,退休工资也涨了起来。实际上,我们国家越来越开放,我想想时机到

浙江东阳市东风竹编工艺厂

了，自己四十几年所学到的手艺，能用起来了。这样，对国家有利，对我个人也有利。浙江省应该说走在全国的前列，中央电视台采访浙江省委书记，他说我们浙江省税收，百分之七十由我们私营个体企业贡献，给很多工人安排了就业岗位，创造了很多利润。当时我出来是抱着试试看的心情，几年的实践，充分证明我们中国越来越开放，我想只有这样国家才会更好。

采访者：那么当时您办的东风竹编厂，为什么取这个名字？

何福礼： 当时厂里出现这样那样的问题，为什么？用毛泽东主席的话就是，"不是东风压倒西风，就是西风压倒东风，是没有调和的余地"。我们在厂里的时候，经济效益比较好。后来因为经营方法不对头，经营有点衰退，贷款很多，开支太大。我私人经营，企业成本大大降低。东阳城东这个区块，个体私企中，我纳税算好的，一年要交三四十万税，现在是算不到了，跟着形势。东风竹编厂一直办到现在，我们东风竹编厂，就像我取的"东风竹编厂"这个名字，一定要用，要传承下去。

采访者：您办的时候东风竹编厂有多少员工？

何福礼： 我们开始的时候，有个规定，员工不能超过七个人，规定得很死的。当地人力资源主管部门有关负责人说，七个人以上就属于剥削。当时我有个想法，那时只有我太太，我小舅子，我自己，起家的时候只有三个人，租了人家的三间房子，一年租金三万多，算起来应该是很便宜的。租来之后把东风竹编厂的牌子挂起来了，我们还放了鞭炮，当时只有三个人，我已经是离开东阳竹编厂，公开出来的。东阳竹编厂里还担心：何福礼会不会到我们厂里来叫人。实事求是讲，我一个人都没要，我向社会慢慢地招收一部分人，骨干，亦工亦农那些，下面加工点的，我叫了十几个人。头一年，大概是1989年的6月1日，我记得我对负责人事的干部提出要求，让我老太婆退休好了，她患有类风湿的，类风湿是有规定的，当时是五十就可以退休的，我说其他要求一点都没有。当时厂里，对我有点克扣，自行车要拿回来，钥匙还要给厂里，那个时候我到广东比较多，欠了两千多块钱账。要把我老太婆的事情办好，一定要把这三件事情交代清楚。当时因为厂领导对我有成见，有点曲折。可能连退休工资都没有了，那就麻烦了。之后，我去劳动局，劳动局支持我，说我的个人档案都在档案袋里的，让我尽管放心好了，我如果退休工资拿不到，劳动局去省里给我跑下来。他们对我很支持。我办厂第一年，实际上只有半年多点的时间，产值就完成了三十多万，当时交税交了三万左右。我是带证的，带证，就多一万五千元，他们不会来查，不会来讲，财税局局长，现在是人大常委会副主任，他教我的，你没有办公室也没有关系，你带证多交一万五，他们来检查，你只要把这个发票给他们就好了。他们都支持我，我当年就交了三万多的税。这样半年就赚了三万多。

采访者： 当时一年工资多少？

何福礼： 一个人的工资每月一百块都不到，第二年我叫孩子们都出来了。

采访者： 当时孩子们在哪里？

何福礼： 小儿子何红兵在东阳市的工艺美术公司，大儿子在国营厂里，东阳市联谊电机厂，还算是好的单位，我说可以出来了，红兵先出来了。

采访者： 何红兵当时年纪也还是二十来岁。

何福礼： 二十岁，还没有成家，我说可以出来了，基础已经打好了。第二年我就完成了五十多万产值，省工艺品进出口公司很支持我，他们说我原来选到义乌去办的，公司更加有理由支持我。生意上我的样品被选中的多，命中率很高，无意当中省公司太倾向我了。意思是他们有点压力，我们东阳县也会提意见。通过这个事情，证明我们中国越来越开放，这个政策是对头的，我当时出来的主张也是对头的。那天我在开会的时候也讲过，我说东阳人培养了我，东阳的领导在政治上培养了我，我说我自己为社会也做出一点点贡献。我也代表东阳竹编出国去交流，去传承我们东阳竹编文化，好多国家去过，以前，都是省工艺公司带我出去的。

采访者： 何老师也参加过好多次对外文化交流。

何福礼： 后来你们浙江省非物质文化遗产保护中心成立后，我也跟你们中心出去过好几次。

采访者： 俄罗斯有没有去过？

何福礼： 俄罗斯我没去过，但作品拿去了，人就不去了。台湾省去过，香港特别行政区去过。他们带我们去的，我们在表演中展示了我们浙江的竹编文化。浙江在文化上应该算一个大省，尤其是工艺美术，我们浙江的大师多，工艺美术门类也比较齐全，内容比较丰富，浙江应该是全国领先的，是真正让人佩服的。这样，我就去了好多国家和地区，宣传了我们浙江的竹编文化。

采访者： 1989年之后，您的竹编主要生产哪些产品？

何福礼： 我出来做了一些伞桶，意大利和法国很喜欢，走到店门口就一个伞桶，不用带到里面插伞的。我用他们喜欢的动物，例如猫头鹰做成伞桶，量很大，一下子就能定走半个集装箱甚至一个集装箱的货，再做动物篮、动物盘、动物罐。四年以后，红亮第一次去到广交会，我说，"我年纪大了，你去好了，去看看交易会"。去了交易会以后，订货量很大，那年形势最好，订货会上订了近四百万。

采访者： 是几几年？

何福礼： 大概1994还是1995年，订货金额将近四百万。

采访者： 您以前在竹编厂里，一个厂也就几百万。

何福礼： 也会有四百万左右，当时厂里的人不多，十几个人，我和以前竹编厂的加工点很熟悉的，加工点的活都给我做，我只要管好质量。当时省工艺品进出口公司很相信我，磐安出去的，浦江出去的质量当时叫我验收的，我检查以后，只要名字写在那里，他们仓库里不开箱，就马上付钱。回单拿回来，这东西运到宁波，银行里就结账了，划到我们户头里了。

采访者：当时您的业务，订单主要是通过广交会吗？

何福礼：是，通过广交会的多。

采访者：这是一个主要的渠道。那么省工艺美术品进出口公司有没有？

何福礼：内部谈判也有的，内部谈判占少量。我做了几年，有些固定的客户，他们每年都在我这儿下单。当时在东阳城东我是纳税大户。我们城东只有三百万的税收，我每年就要交掉四五十万，在城东每年产值超百万的已经算大户。当时在财税方面也有很好的优惠政策，他们对我们也很信任，我对财税的工作也很支持，只要他们有什么困难，我先交也没关系。这都是改革开放的结果。

采访者：你们从三个人开始创业，到后来发展到规模较大的时候，有多少员工？

何福礼：多的时候，我的员工有六十多个人，现在也有三十几个员工，都在厂里做，三十几个人，应该说不算很大，但在我们行业里来说，也应该算还好，去年也完成了三百多万产值。在现在经济形势不是很景气的前提下，我们能坚持下来，坚持就是胜利，如果散掉了，那就麻烦了，传承都成了空话。

采访者：1993年，您还买了这个地皮，造了新的厂房，扩大了规模。规模扩大，对您的企业带来什么变化？

何福礼：那时候我的产品以出口日本为主，炭化包，一下子就订了三十五万只，小包大包。我做技改项目，通过技改，建房子就免了城镇设施配套费，三十万左右的钱不用交，政府还奖了我五万，我买了锅炉。竹子通过炭化处理不会蛀，不会霉，不会变形，日本人很放心我的产品质量。当时县政府也是把我的项目当重点，县委常委负责我这个技改项目。

采访者： 这个厂房区块占地面积多少?

何福礼： 总共十一亩土地。

采访者： 那么建筑面积多少?

何福礼： 建筑面积大概有五千平方米吧。

采访者： 那么现在这里主要有哪些配套设施?

何福礼： 现在是这样的，有一个木工车间，油漆车间现在不能放在这里，有些没有气味的油漆，在这里面做，有气味的我们就在乡下山区做，环保要符合国家标准。还有编织车间和木雕车间。

采访者： 你们现在东风竹编厂还有个党支部?

何福礼： 有个党支部，是我们培养起来的党员，原来有十二位技术骨干。根据工作需要，有的自己去做其他生意了，有几个迁出去后，都当了领导。原来有一位是这里的机修工，现在他是村里的党支部书记。

采访者： 现在去哪里了?

何福礼： 现在在我们东阳江北那里。他自己当了书记以后旧村改新村，他们村里改得很好。他做袜子的，我也做过袜子，他是我培养的第一个党员，他现在比较出息的。有好几位现在都是支部委员，还有支部副书记的，我这里迁出去的，有五六个，现在还在厂里的党员有七位。

竹编厂车间

采访者：书记是哪位？您自己吗？

何福礼： 一个女的，是我们厂的财务会计。现在我培养起来的都是年轻人，现在有规定，政治素养很好的可以培养，在党支部年纪就我大点，其他都是三十几岁的年轻人。

采访者：党员的先锋模范作用在你们竹编厂有没有发挥出来？

何福礼： 党员主要是起到骨干作用。我们有时候组织大扫除，还有义务劳动，到社区捡垃圾，都是党员带头去搞环境卫生。原来我这个支部，曾两次获得全县的先进党支部，生产骨干培养起来，对我们厂里有好处。骨干培养好了，就能稳定人心。骨干的工资要高一点，质量做得好的，我们每年都要开几次会，那些表现好的，我在会上表扬他们。实际上我们还有一个工会，工会主席由我当，为什么？法定代表人我不当了，由我孩子当了，现在法定代表人是我大儿子何红亮。我六十二岁就退下来了，当了工会主席。我从小从工人出来，知道工人的辛苦，生病的工人，我都要亲自去看，慰问他们，他们过生日，我们都要给他几百块钱的工会福利，逢大生日，我们厂里送给他们一个红包。工会有点小钱，也得关心工人，他们遇到困难的时候，比如说房子被火烧掉了，我们就募捐一两千，工会里再拿出一两千，让他们感到在我的工厂工作有点温暖，对他们有点关心。应该说这点我们都考虑，请他们去吃饭，一年有好几次。我这人再带点老酒去，每半年开一次会，讲几句话，在安全、生产方面完成比较好的那些人，表扬一下，请大家来喝点酒祝贺一下。我们在培养徒弟方面，

何福礼正在制作竹编工艺品

都要发给他们结业证书，几个大学生，福建的、安徽的、河南的、南京的，我都开职工大会，发给他们结业证书。

采访者：一般培训学习多长时间？
何福礼：一般是两年半。

采访者：两年半，他们就在你们厂里？吃住都在这里？
何福礼：嗯，我解决一间小房子，给他们住。

采访者：他们当时在学校里是什么专业？
何福礼：有些是家具专业，有些是工艺美术专业，其他的专业都有的。

采访者：这些人学过之后有没有继续留下来做竹编的？
何福礼：留下来的不多，其中大多数都自己去办厂，有一个办得比较好，福建的那一位。他有什么困难还是来找我，我说你有困难你尽管讲，需要什么材料，技术和图纸上面有什么要向我请教的都可以。现在电话上沟通很方便了，有些他报价报不出来的，我说我的价多少，你的价格要稍微便宜点，报价要怎么样报，互相沟通。东阳竹编不是说光东阳人做起来叫东阳竹编，全国做好那就更好了。

采访者：桃李满天下。1997年香港回归，您创作那件竹编巨龙，您怎么样接到这个项目的？
何福礼：我原来办过福利企业，福利企业有优惠政策，就认识浙江省民政厅厅长。我们家里有三个聋哑人，两个小姨子，还有个小舅子。还有位姨夫，他也是残疾人，有点瘸脚，在我们厂这里做竹编做了几个月。共有十一个人。

采访者：这些聋哑人是哪个地方招过来的？
何福礼：都是东阳人。我退掉一些人以后，一次性发给他们几百块，就这样解散掉了。现在还留下来三个，给我们做工作，我发给他们工资。制作香港这条龙的时候，我这里属于民政福利企业，他们先照顾我，他们打来电话叫我去看看，说北京拿过来了一条龙头，大概七十二节，一节大概三十几米。

采访者：一节三十几米？

何福礼：很长的。现在他们放在新机场。当时杨秀春担任东阳县委书记，他说市政府也要迎进来，让公安开路。迎龙头，原本第二天要运出的，如果弄破，修都来不及，我这样担心。我同市委书记汇报，他说要在簧门前举办交接仪式。有香港的人来。民政部的司长也来的，我们县委四套班子领导都去，搞得很热闹，影响力很大，意味着我们东风竹编厂小厂能做成一件大事。香港回归，这个是作为民政部送的，实际上，钱是香港一家公司出的。

采访者：做这么长一条巨龙的话，当时做了哪些准备工作？

何福礼：做了大量的准备工作。钱也不多，在香港做的话要三百多万，在我这里做只要七十几万。而且影响力是很大的。当时叫我也到香港去，要与董建华特首碰碰头。当时时间来不及我就没去了，省厅里和北京有人去的。

采访者：当时制作这条龙花了多少时间？

何福礼：半年时间。

采访者：全部都是你们竹编厂的人完成的？

何福礼：全部都是我们厂做的，连毛绒玩具，都是我们安排怎么样做，工作量很大的。运出去有四十个集装箱，三个货柜。龙头全

竹编巨龙交接仪式

部用竹子做的，要轻。原来是用铁丝龙头，我用的是竹丝龙头，竹子做起来就比较轻，舞龙也舞得起来。这样的龙头，又轻又符合舞龙的标准。当时被评为世界吉尼斯纪录。我有证书的，世界吉尼斯纪录，也是东阳第一个。

采访者：这么大的一个龙，当时有哪些人参与了设计？
何福礼： 我把龙头塑起来，我大儿子小儿子他们把泥塑塑出来。这个龙头我请了我们东阳的陆光正大师、冯文土大师、徐经彬大师这班骨干，征求他们的意见，开过论证会。他们说可以了，我才动手做了，我在墙壁上画了图，红兵放大样出来。香港相信我们的传统文化，竹子拿来，天地都要拜过，这个树枝还有竹子都不好放在地上，要放在凳子上，放到龙头快要做好了，才好撤掉。

采访者：就像我们民间造房子，大梁不能落地的。
何福礼： 也是这个道理，这是传统文化问题，这是传统的东西，我说按照你们的要求做。

采访者：香港社会联合会成立五十周年仪式，据说有四千多人参加舞龙活动，当时是怎么样的一个场面？
何福礼： 他们发给我照片，比较雄伟，气势很好，他们舞起来，真的很好看。上面舞三下后面舞两下，转起来很好看。

采访者：这么长的龙也可以转起来？
何福礼： 可以转的，香港方经常来检查龙的制作质量。这条龙是香港几个人共同出资赞助的，谁赞助谁保管，假如赞助五件的钱那这五件就由这个保管。下次要迎，再拿出来，分散保管。三个集装箱，堆在一户人家，就没有这样大的地方，他们说主要放在新机场，香港新机场里。

采访者：成龙他们有没有参加？
何福礼： 原来安排成龙也来参加，后来成龙到外面去了，赶不回来，原来是他舞龙头的。我们东阳人很多在香港，他们说这样好看，我们东阳人一起去看。他们电话打过来，讲起来很威风的，当时还给我们做了一块牌，东阳东风竹编厂制作。那也是说我们宣传东阳竹编。

采访者：竹编巨龙申报世界吉尼斯纪录，这个也是东阳竹编有史以来开天辟地的，当时您心情怎么样？

何福礼：我当时的心情很激动，应该说这是我第二件影响力大、比较成功的作品，第一件是《九龙壁》。我心里感到特别高兴，世界吉尼斯纪录，我们传统竹编以前从来没有过，我第一个得到。这也激励我们要继续努力，要不断创新，做其他工作也要有这股劲儿，照样会做得好的。

四、在故宫修文物就像是读了研究生一样

采访者：通过您这么多年的实践与探索，创作了许多立体为主的竹编作品。2004年开始您去故宫修文物，请您谈谈具体的经过。

何福礼：2004年通过了考核，2005年开始，我到故宫去修文物，我与竹子是有缘的，《钱江晚报》《金华晚报》《金华报》都刊登过。我当时不大看报纸。他们对故宫的竹编作品进行调查，故宫都是用这种圆丝做的，万字不出头。他们认为是我们江南人做的，江南哪个地方做的，没有注明。我猜测是这样来的：原来有三百多东阳木雕手工艺人参与故宫的建造，花名册上有，工资单上也有。乾隆到江

2005年，何福礼与世界文化遗产基金会副总裁在交流

南来过七次，七次下江南，有三次大臣都知道的，四次是他自己私访的。皇帝当中他是比较活跃的一个，他文化方面也很好，工艺美术造诣方面也好，书画也精通，武艺也擅长，讲话方面就不用讲了。乾隆下江南不要带很多人，只带了两三个武功很高强的人，在江南到处巡游。皇帝也很喜欢"四代五代"的，一个百鹿图，有四五种鹿，有二十几岁的鹿，有四五十岁的那种鹿，有老的那种鹿，各种鹿，鹿的角都不一样，小鹿怎么样，反映出四代五代同堂的意思。故宫专家说，你猜测的很好，真的是这样。2005年，故宫组织专家第一次来考察的时候，来了两个人，一个是故宫博物院技术科曹主任，还有一位是吴老师。吴老师今年都来过，我们明年都还要去修，还没有修好，我现在修好的那个地方叫作倦勤斋，是乾隆皇帝的书房。他的接待厅全部用竹子，现在只对部长以上开放，乾隆的书法放在那里，都是真迹，照片拍太多也不好的，文物在有亮光的情况下要氧化的。要几年以后才开放，他们会有一个政策出来，每天限进去三十个人，一张票八百到一千块，那里保护得很好，上海做的恒温，温度控制在二十（摄氏）度左右。竹子在恒温的地方也有好处，太冷了，胶水会有问题，太热了也不好，恒温就很好。我是在《金华晚报》上看到故宫两位老师第一次来东阳考察的消息。我女婿小明打电话说，旅游局的一位主任询问我会不会做竹编的。那天小明把《金华晚报》拿来，他说，爸爸，这种东西会做吗？我说我小时候做过，我就随便这样说

何福礼在故宫进行修缮工作

了一句，旅游局的那位主任就写了一封信，打了个电话给故宫博物院的曹主任。曹主任我也不认识，他来过东阳好几次，冯文土大师熟悉的，冯文土当时也没讲这个事情，问问其他人，他说会做这种竹编的人都死掉了，不会做的人很多。那份报纸我拿过来给他写了信，他两个月不回答，他说来了东阳好几次，好像东阳没有这样的人，搞不出来了。东阳的那位主任写信同他详细说明，他说有个何福礼，做了几年了，是竹编行业的专家，当时东阳一个中国工艺美术大师都没有，我已经是竹工艺大师了，但是还是浙江省级大师，还不是国家级大师。等了两个多月，他打电话来，他说我们再来东阳考察一次，来了一个吴老师，一个曹主任。曹主任讲他们四个省跑遍，安徽去过，福建去过，四川去过，现在找来找去还是找到浙江省来，他说他来浙江已经三次了。

采访者：除了东阳以外的其他地方有没有去过？嵊州有没有去过？

何福礼：嵊州没去过，在东阳没有找到他们就回去了。他们来之后，我有个车，我叫我儿子红亮开车去的，我说我陪你们一起去绍兴看看，去台州看看翻簧，这样一路走访。黄岩有个竹工艺大师，罗启松[①]，我陪他们去找过，当时罗启松只有一个人在那里做，罗启松翻簧会搞，竹丝镶嵌就做不来了。嵊州我去过，新昌我陪他们去看过，但是新昌做竹编同我们不一样，他们做饭店宾馆里那种放鞋的，放毛巾，放纸的这种盒子，他们是做生活类的。看过以后，我说，你们如果能找到比我好的人，你们去外面做，找不到更适合的人，你们相信我的话，我肯定会做好的。当时他们布置了三个考试方案。第一，竹丝镶嵌。第二个是翻簧，要求有光线的话，竹片和纸一样薄的。第三，胶水，胶水怎么样做。我实事求是讲，小的时候做过鱼肚胶。

采访者：自己做的鱼肚胶和黄鱼胶不一样吗？

何福礼：野生的黄鱼肚黏性好，培养的黄鱼肚黏性不够。我接到考题后马上去浙江洞头，在那里买了野生的黄鱼肚，买了大概一斤，后来《温州日报》上都登过，他们也来采访过我。

---

① 罗启松：1935年10月出生，台州市黄岩区人。中国民间文艺家协会会员，中国工艺美术协会会员，浙江省美术家协会会员。中国竹工艺大师，浙江省工艺美术大师，国家级非物质文化遗产项目黄岩翻簧竹雕代表性传承人。

何福礼和他的弟子在故宫修文物

采访者：以前你有没有做过翻簧？

何福礼：我做过翻簧，和纸一样薄，实际上难度有点大。在竹编厂的时候，生产出口日本的茶叶盒子。主要是胶水的问题，没有成功。我们有东阳木雕，所以雕刻竹丝不是问题。我们做过小屏风，茶叶罐，都是做小件的。翻簧大件是不容易做的，最好能把长节花瓶做得起来，就好了。他出了三个题目之后，他说十一月到十二月，那个期间再来考察，做得好的话，我可以突围入选，就是这个意思。

采访者：当时来考，是现场考还是怎么样？

何福礼：现场。第一次来是我接待的，没有向领导汇报。但是第二次他们来考察，这是一件大事，一个月以后我要交考卷，三个题目要我们完全做得出来，现场做给他们看。三个考试题目，这我要向领导汇报一下。我同管工艺美术方面的一个副书记徐耀进沟通，他对工艺美术也很喜欢的，也经常和我们这班人见面，和小明最讲得来。我向他汇报了以后，他说由市政府出面接待，来的时候，我们去杭州接他们。当时政府也很重视，领导说如果我能去故宫里面修文物，对我们东阳木雕和竹编行业的意义就大不一样，能使我们东阳整个工艺美术界影响力提高一步，让我有什么困难尽管讲。他们第二次来，真的带了中央电视台记者，美国专家，故宫专家，还有联合国教科文组织的一个领导，这样十一个人来考察。市政府接待了他们，先向他们介绍东阳的木雕竹编，再带他们参观我们的竹编展览馆，最后陪他们到我这里来。这三件作品经过我反复做了之后，真的和纸一样薄，达到那个目的了。三个考题，我都实样做在那里让他们看，一个竹丝镶嵌，一个是翻簧，纸一样薄，也做出来了。黄鱼胶我也现场做给他们看，鱼肚要浸湿，像粽子一样裹起来，裹起来要一块横着的板，要大一点的，再啪啪打得很稠软，黏性很好，当时绕到竹竿上有点薄，薄薄的一层再用水放在那个电饭煲里炖出来，不要直接拿来火烧，要用蒸气，蒸得很稠软，黏性也很好。他们说三个题目都是一百分。

采访者：现场考试是在哪个地方？

何福礼： 就在我们车间，当时有我们东阳市政府、浙江省电视台、金华电视台、东阳电视台、《东阳报》等媒体的很多记者，现场就宣布入围了，揭皇榜成功了怎么怎么，我们当时心情也比较激动，能到故宫去修文物真的是一件大事。当时我也讲了两句，我说修旧如旧，我在保证质量的前提下，肯定在时间上也要快一点。因为2008年北京要举办奥运会，各国领导人都要来参观，我第一年就去了六个月。

采访者：就在故宫里面？

何福礼： 对，六个月，2005年6月份去的，6月到11月。为什么要夏天去修，当时还没有开放，里面也没有空调，故宫里装个电

何福礼在故宫修复文物时的工作照

灯，都要保卫科审批过，装的亮一点他说瓦数太高，影响火烛问题什么的。装个电风扇也要他们审批过，保卫科卡得很死。我说室内太热了，电风扇不够，干活的时候大汗淋漓，要求装个空调，到第二年才装好。困难是有的，明火不好烧，他说故宫里只有电饭煲可以拿去煮篾。我们修旧料，就要用对的颜色，颜色全部要一样，我修了七天。修了七天要向领导去打报告，叫领导来看看，那天我在吃饭时碰到故宫的副院长纪宏逵，我说请他来看看。他说第二天就过来，还有一个曹主任一起来看的。曹主任看了以后，他说很好，颜色一模一样，他鼓励我，"放心好了，我不来看也没关系，你胆子大一点"。他们对我技术上是很信任的，这样第一年修掉了，基本上拆下来的全部修好了。

采访者：当时多少人去参与修缮的？

何福礼： 第一次有六个人去。我，大儿子，小儿子，我的一个徒弟蔡红光[①]，还有一个工人。那个时候部队里对我很好，每个礼拜六开车来找我喝老酒，他们原来来过我东阳这里。我这个人有点稀里糊涂，有一天老酒也喝得差不多，房间里的空调也没有装好，有空调的两个房间给工人住了。

采访者：住在故宫？

何福礼： 不是，我租了一套房子，三室一厅。女的住一个房间的，我两个儿子住一个房间的，总共三个房间，我说有空调的房间你们去住，我住的房间有电风扇就好了，我住在客厅里。当时老酒喝得有点高兴，那天很热，大概有三十九（摄氏）度。家里有一个枕头，枕头好放水的，冰箱里冰一冰，那就很舒服了，那天老酒喝得差不多，枕头冻起来就是冰块，我想毛巾盖在枕头上，老酒喝多了就呼噜呼噜睡着了，第二天爬都爬不起来了，大概是血管冻住了。我的两个徒弟一起去的，他们说师父净讲笑话，哪里会起不来，你不是起得很早吗？一去检查，医生说血管冻住了，温度太低了。后来在医院里打个针，把堵住的血管弄通，一针打掉就好了，我说不要休息，第二天都没去看过了。现在去检查起来，还有点血管问题，就是会头晕。假如再去两三天的话，身体就没关系了，这点我应该引以为戒，特别冰

[①] 蔡红光：1972年出生于浙江东阳，师从中国工艺美术大师何福礼，系高级工艺美术师，浙江省工艺美术大师。

的东西会让身体出点小问题。

采访者：那么当时到故宫里面修复你们碰到哪些困难？
何福礼：我们实事求是讲，那种鱼肚胶，粘翻簧是胶不牢的，我这里做了翻簧，他们叫我修，我同他们沟通，竹子要变形要开裂，人都没有走，十天就裂掉了。而在江南，一年、半年，随便怎么样都不太会开裂，假如开裂也只是很小的，这个是胶水的问题，他们不信的。鱼肚胶粘在篾丝上是好的，翻簧上是不好胶的。

采访者：要在实践当中不断摸索出来的。
何福礼：对，实践中摸索出来。我同曹主任商量，现在我们拼码①字，由五根篾丝七根篾丝组成的，一片一片的，叠来叠去插起来。当时故宫的修复专家叫我们一根一根修复，我说一根一根修容易脱落，胶水粘上去没有黏性，牢度不够。平面的拿来修，我们用铁压一压，那黏度好一点，你这样去弄，没有地方好压的，支撑不牢。我也想了一种办法，竹编用石块还是用其他什么叠起来，去顶住，增加它的牢度。我这样提出来，他们也同意我的想法。第二个，我说要五根篾做成片，脱落的那些东西不要，把好用的都用进去，我说这样工

在故宫修文物就像是一场修行

---
① 码：方言，音译，指一种图案。

何福礼在故宫修文物

作量太大。后来科技部主任就同意我，我说我把一片片胶起来，需要五根的就一排给他，下面有那种很薄的纸，绵纸粘起来，也增加牢度，那平整程度也很好，原来做在那里，五根都散的，有高低出来的。后来曹主任同意了，科技部主任也同意，那就好讲话了。他们假如不同意的话，还是一根根修，工作量也很大。我的工钱，租房子什么的，不要说赚钱，工资都拿不到。

采访者：当时你们到那里去修复，具体是什么情况？

何福礼： 按照平方算，多少平方多少钱，材料也是自己准备的，鱼胶也是自己的，什么都自己的。好比五千块一平方或是八千一平方，他们有他们的算法。我说我们工艺美术从业者的工资应该比泥水师傅的工资要高一点，工艺美术都有职称的，工艺师，助理工艺师，我是高级工艺师，我说职称补贴也要给我们算上。我同他们谈合同的时候，他们说我这样的提法是合理的，他们也同意了我提的意见，加了点钱，否则的话，我只有三百八十元一天。2005年去的时候，职工只有二百四十块，你要吃饭住宿，真的不是很高。修故宫，名气是有点大的，社会效应是很好的，但是对我们厂里的经济效益不是太好。经济效益上，我们厂还贴给工人点钱，第二次去，就不一样了，租房的条件也高起来，原来房租只有三千多一个月，后来我们去租就到六千多了，现在三室一厅起码要一万两千多，房价高起来了。我们到北京，暂住证什么都要去办，我们东阳暂住证不收钱，北京还要交点钱的。

采访者：当时故宫倦勤斋①修复了之后，领导评价也非常高，后来有没有参加故宫其他的一些修复？

何福礼：他们验收了，我们的质量都合格。当时开竣工会的时候，我和徒弟一块去的，我们东阳都没有记者去，义乌有好几个记者去，谁叫的我不知道，我们《义乌商报》都登了。第二个地方，现在叫"乾隆花园"，它这边叫作"符望阁"②，我也给他们修好了。它一扇门包含好几种工艺，有象牙的，有玉雕的，有竹丝镶嵌的，还有陶瓷镶嵌的，就是江西景德镇的陶瓷，那"头门"（东阳、义乌的地方方言）应该说几千万一扇。很高的一头门，有一个小戏台，乾隆皇帝很喜欢看戏。乾隆帝有点保守派，为什么说呢？那个楼梯只有这么窄，很陡的，我猜测让一个大臣守在那里，让人进不来，也出不去，防备意识很强。倦勤斋那里有一面镜子，镜子一打开就是地下室，暗道一样可以出去的，现在我们去修的人知道了，一般的人，不会知道

见证乾隆御书房的手工奇迹展

---

① 倦勤斋：清朝宫殿建筑，位于北京故宫博物院（紫禁城）的东北部，即宁寿宫花园（俗称"乾隆花园"）的北端，面南向，北靠红墙，东西共九间，是宁寿宫建筑群的一个组成部分，名为"倦勤斋"。其正中前檐下悬乾隆御笔"倦勤斋"额，取"耄期倦于勤"之意，显示这里是太上皇的憩息之所。
② 符望阁：位于宁寿宫花园第四进院落，为该院的主体建筑。清乾隆三十七年(1772)建，嘉庆七年(1802)修，光绪十七年(1891)重修。

有个镜子可以像门一样开出来，走到其他地方去。今年我们都去过符望阁那里修，我们先做好，再木工镶嵌镶上去，小叶紫檀有点脱落了，他们做好我们镶就不会掉落，有些地方我们去。我，红兵，我孙子三个人，这次去修了三天，还有百分之五的质量保证金押在那里。我给他们修好了，我们发票开去，钱还给我们。他们来验收过，我们修得很认真，他们说那个门窗弄好了，什么床沿板什么的都是我们竹编修的，十四头门，两三个床沿板，都是很大的，万字不出头。这次我们去了以后，是感觉到了故宫里面，宝贝真的很多。他们现在叫科技部，牌子挂在那里，他们说又叫文物医院，他们这个名字跟你们非遗大概挂起钩来了。非遗有个项目在那里做，文化部拨了好多钱，叫作非遗文物医院。科技部原来就三十个人不到，现在都快要一百人了。

采访者：一个部门有近百人？

何福礼： 对，现在一整套房子给他们。都在那里修比较好的，从库房里拿上来的文物，叫我们去看，我们在符望阁里修，他们的一个主任过来邀请我们去他们科技部看看。科技部当时的曹主任现在退休了，第二任王主任也退了，现在都是年纪轻的领导了。他们叫我去看看，怎么样修法。一个竹子的屏风，做得特别好，有翻簧和竹丝镶嵌两种，它弯曲很多。我说难度很大，假如科技部需要我们修，我们就放在千寿堂修，我们要估一下价，你们也估计一下，我们现在要先保证符望阁里面还有没有没修好的地方，要先修好。哪个部门请我们去，就以哪个部门为主。他们故宫里分得很细，纪律很严明，你在那个部门，不会到我这个部门来串门的，有规定。再还有科技部，原来有个胸卡也能够进去，我们如果要去就打电话，叫他们出来接，他们那个科技部，现在改为文物医院。现在故宫的城墙，都可以去看了。原来我做角楼的时候，要领导审批同意过才能上去，现在游客都可以上去看了。

采访者：何老师您从2005年第一次到故宫修复，到现在已经十多年过去了，十三年你前后去了几次？

何福礼： 我去了八次。这八次我们都要有个牌子，去三天两天，我打个电话就好了，叫他们来接一下，如果三个月以上，就要挂保卫科批过的临时通行证，没有临时通行证每天打领导电话很麻烦。这八次的通行证我都保留在那里，这是历史性的见证。第二，我把几次修复合同放在保险箱里，下次有据好查，也是一个珍贵的档案。

采访者：当时去修复一次的话，最多待多长时间？

何福礼： 最少五个月，最多七个月。我是中途不回来的，给工人他们放宽条件，有些人中途要回来一次，家里聚一下。我不走的，我不在，我太太在，我太太不在，红兵在，我们家里一定要有个人在那里。自己的人总要和工人在那里，否则领导来检查的时候不放心的。他们说"你来看看就好了，来指挥一下就好了"，我这个人，熬不住的，都是自己动手，反正有承包的性质，我做出来也是好的。有时候叫工人做，他们一下还做不起来，我自己马上解决掉了。

采访者：您感觉故宫修复文物对自己的技艺有没有什么帮助？

何福礼： 我是这样的想法，原来我的技术水平已经达到国家级大师的水平，比如大学毕业，我通过修故宫文物，像是读了四年研究生，去深造了一样，应该说提高了一个层次。世界文化遗产基金会发给我和陆光正大师一本证书，世界上的文物也有资格修，是世界文化遗产基金会颁发给我的。

采访者：它是联合国教科文总部发的。

何福礼： 我同陆光正两个人，全世界的都可以修，这样高的荣誉给我们。我为什么现在能够修故宫文物，或者前两次竹子运用最好，我自己经常在总结，中国工艺美术大师评下来，国家级非遗代表性传承人评下来，我觉得好像万里长征一样的，这是起步。我在修故宫文物时，先听曹主任讲，故宫最难的就是角楼。2004年的时候，东阳市政府要申报全世界手工艺理事会成立五十周年大会在东阳开，分会在江苏，评奖什么都在那里评。那个时候，我们市政府叫我们大师去开会，一定要发言，要表个态。我说世界手工艺大会在东阳召开，我们作为东道主，要做一件好的作品出来，邀请世界手工艺界的同行和管理手工艺界的领导与专家来看看我们东阳木雕和竹编，我肯定会做一件作品出来。这个也要动脑筋，要做什么作品好，做什么题材。当时要上角楼还要签字，我打电话给故宫的领导询问我们可不可以上去，他说他们古建部的领导批过就可以了。我们去古建部拿了审批来，一个木工，我徒弟，还有我和红兵好几个人到了北京。故宫工作

见证乾隆御书房的手工奇迹展开幕式

人员拿来角楼照片，他们把土建的相关材料都给我们一份做参考。我拿来以后，叫木工把图纸画出来，我们就开始做，快要做好了，我也邀请冯大师、陆大师、黄小明等几个人来看看，让他们提意见哪些方面要改。陆大师提出来的修改意见，我都叫冯文土帮我画四张图纸出来，分别是天安门、颐和园、天坛、长城，我要用作平面编织。我嘱咐他画得好一点，本来红兵也能画起来，但是让有影响力的人画要好一点，更有意义一点，亚太大师给我画的，那就不一样了。我同我的太太两个人编起来，现在都放在竹编艺术馆，四个景点都很好。2014年，有天别人的作品都放二楼的，我的作品独独放在三楼，评比都快要结束了，他们说何福礼报上来的作品放到哪里了？他们没有看到，评委中，我们国家只有唐克美①老师，陆大师都不参加的，世界上其他国家的还有好几个，五个人。那天评到晚上七点多钟了，唐克美老师电话打来说，"何大师，恭喜你，你是世界金奖，晚上要请客"。我说"好的，我来接你们"。他们也感到很高兴。这是唯一的一个金奖，她说竹编马富进在巴拿马博览会上评到了一个金奖，那是一百多年前的事了。

采访者： 马富进有没有见过？

何福礼： 马富进没有见过，他的作品是有见过的，留下来几件。

---

① 唐克美：女，1939年11月出生，浙江人，高级工艺美术师，大学学历，毕业于中国美术学院，曾任北京工艺美术学会理事长。

他确实做得很好。他也比较全面，他油漆会做，木雕也会做。我油漆会做的，木雕雕得不是很好，他好一点，其他编织方法我绝对要比他强。通过这么多年的摸索，也比较全面。泥塑我也做的，模型我也做的，掌握门类同他也差不多，油漆都我自己搞的，我想不用去求人家，自己能够动手，去总结经验。领奖的时候，客人来了很多，那天晚上两百多外国人到我这里参观。我组织了五六十个工人在那里干活，做给他们看。那天晚上，亚洲的代表当时（表态），如果哪位大师得到金奖，可以破格评亚太大师。

采访者：当时金奖全世界评了几个？

何福礼：全世界只有两三个。

采访者：我们整个中国就你一个。

何福礼：对，卡得很紧的，那是来之不易的，当时真的特别高兴，电视台和报纸上都进行了宣传。我想这个也不是终点，这次是第三次竹子运用得最好的，把竹子运用到故宫角楼上去。我用到三十七种编织方法，有几种是我自己创造的，有乱编法，有桂圆孔、爬山法，我自己创造了四五种方法，运用到这里效果也很好。这个也是我在修故宫竹编文物当中念四年"研究生"的成果。

采访者：何老师请你介绍一下第四件满意的竹编作品。

何福礼：第四件就是《十里红妆》（也叫"十八担"），我们义乌叫"十八担"。我老家是义乌，我想把老家的传统宣传出去，"十里红妆"与"十八担"有点区别。区别在哪里？我们"十八担"有三十六件作品，三十六件加上两件单件，轿子是一件单件的，脸盆架也是单件的，脸盆架是放在轿子前面的。

采访者：为什么放前面？

何福礼：它是单件里最大的一件，没人背的，红娘背那个脸盆架。这样算起来，有三十八件。为什么要做这种传统的作品？虽然得到了荣誉是最高的世界金奖，故宫角楼，对我来说不能满足了。我们能够超越自己之前的作品，那就更上一层楼了，因此我就做了一件十八担。我是站在我们老家的观点，宁波有个十里红妆，十里红妆有比较雄伟的那个轿。人家从来没有做过这样大的真的抬人的花轿，我

竹编作品《十里红妆》

想试试看，图纸画出来以后再做。浙江省博物馆有收藏，我们还没有做好，他们就来拍了，做好了又来拍。我后来拿到杭州西湖博物馆展览了，他们说我是第一个举办个人展览的全国大师，来参观的人数最多，时间也最好，我也花了点精力，他们给了我们比较多的优惠。

采访者：这个展览是什么时候？

何福礼：这个是在2016年，十一月二十几号到十二月二十几号，那个时间段也是很好的时间。展览开幕式请了故宫博物院副院长，还有唐克美老师，我们金华市非遗中心的领导也去了，省非遗中心主任也来参加了。我还请了组织部副部长，我们东阳市的政协主席王正明[①]，还有陆光正和冯文土，那天开幕式比较隆重，开幕式以后又开了一个座谈会总结一下，唐克美老师、陆光正大师，还有其他专家和工艺界的同行对此次展览评价都很高，展览应该说办得很成功。我做了龙凤箱、古凳、方体桌、衣服柜和铜钱柜等，这些嫁妆全部都是用竹编做起来的，人家是没做过的。还有比方说那个书箱，我做

---

① 王正明：1956年3月生，浙江东阳人。大专学历，中共党员，1974年12月参加工作。担任过浙江省东阳市政协主席。

了两个提篮，把原有文字都换掉，我自己想出来新内容让东阳的包中庆[①]写，他是很好的书法家。第一层提篮是"动喜两家"，这个提篮是拿去订婚的，订婚喜两家。你去订媳妇，他嫁女儿两家喜。第二层是"进出金银"，现在订婚都要八十万以上一百万以上，还要金银，金项链，金戒指，银戒指，进出都是金银。最后一层是"百年好合"。我想既然我那个提篮要换了，文字也要换一下，也比较细一点。我的第二个提篮是八角的，题字"挑十八担红十八里"。我们一般说是十里红妆，义乌是"挑十八担红十八里"，跟宁波比有点区别。我们要体现义乌的风格，不是十里红妆，我们是"挑十八担红十八里"，规格还要高一点。再一个是"万古留世"，留在后面看的。这个十里红妆的意义是反映古代的接新娘子的一种方法，现在用很好的轿车，我想我们要回归传统的。一匹马，一顶状元帽戴起来，一个是千金小姐，是一品夫人，这样衣服穿起来就是传统的方式。这样做能提高我们竹制品的文化品位，把传统的文化用到现代。我做的十八担现在放在义乌，这里还有没拿去的龙凤柜、龙凤灯，这些都是龙和凤的，象征结婚，喜庆热闹。上次摄制团队来拍的时候，他们说我这个作品应该说气势比故宫角楼还要庞大，在门口拍的，都拍得比较好，三十六件作品拿出来，真的气势很好。这个是单件的，那些是组合性的，又不一样。"十八担"是我第四次把竹子运用得好的作品。

采访者：这确实也是通过竹编来反映传统文化，跟生活融合起来。

何福礼：人家也有这样大型的作品，十里红妆，都是木雕做的，我想要创新。这件"十八担"，原来我想孙子结婚时能够闹一闹，我两套衣服还没有订来，订来就可以了。放在宾馆门口，这样吃饭时下来就好了，对不对？穿着那个衣服，唐装穿起来多么好看，就不用汽车运来运去弄了，气势有的，弄个吹鼓手吹，我们既要传统又要走向现代。我想通过《十里红妆》的制作，把传统文化发扬光大，把以前竹编没有做过的作品代代传下去。现在那个弥勒佛也是竹子用得好的一次。当时这个气势很好，很大。我做了六十年的竹编，想要自己建

[①] 包中庆：1953年生，浙江东阳市人，别名石山坡人，当代中国书法家。大学毕业后任高中教师，后搞行政理论教育工作，1993年至1998年5月，任《东阳报》总编辑，曾任东阳市文化局局长。书法为业余爱好，曾得到过中国现代著名书法家沙孟海先生的教诲。中国书法家协会会员，曾任浙江省书法家协会理事，东阳市书法家协会主席。

立一个小型的博物馆，现在一家三代人在做竹编，我要保留一些作品好参考，哪年我做了哪件作品，那时候来参观的人就要到何福礼艺术馆，没来看过要感到遗憾，那我的目标就达到了，给后来从事竹编的艺人提供学习的机会，这样看看我的博物馆，对我们后面人有好处，提高他们的鉴赏能力。就像是教书一样的，"样板房"（实为"榜样"之意）都放在那里，对他们学竹编的人在技术上提高一步相当有好处。

采访者：这个是您个人的愿望，把艺术馆建好之后，人家可以参考借鉴，第二个，珍贵的艺术品能够传下去，能够共享，如果卖掉就散落在民间了。

何福礼： 对，发挥作用不一样。像你们来收我的作品，博物馆里出点钱来收藏我的作品，我肯定价格优惠一点，博物馆是永世留在那里的，博物馆里的作品拿来拍卖从来没有过的。你们非遗馆也好，国家博物馆也好，一些大学博物馆也好，省外的例如贵州，包括国外的很多博物馆都收藏我的作品。我做过一件斗牛，做得很好的，西班牙博物馆收藏了，西班牙斗牛很厉害。（和）西班牙讲好的，你把作品拿去，是我们集体送的，不是我送的，我这里出点钱，那个老板他自己送到西班牙博物馆。希腊博物馆也收藏了我的作品，还有伊朗，他们发证书给我。国外喜欢我的作品说明两点，一个是我的造型符合他们国家的要求，再一个是博物馆要求的质量我也绝对保证。我还是日本博物馆、中国台湾竹山镇博物馆的顾问，他们收藏我的作品，我也是优惠价格给他们的。国际竹藤组织也收藏了好几件作品，高度评价，江泽民的妹妹江泽慧女士讲，何福礼的作品是镇馆之宝。我想人家对我评价高，看得起我，是对我技艺的一种肯定，我们不能围在那个点上吃老本。不立新功就不好了。我们要一步一步提高，作品《弥勒佛》做好，不是到顶了，我可以歇了。

这是我第五次竹子用得好的作品。我还想要做一个"百鸟朝凤"，东阳木雕是黄紫金，你们明天还是后天去考察，那个时候冯文土是黄紫金的徒弟，黄紫金他这个人很聪明的，一般的人都要图纸画出来，图纸附上去再动手，他是画草图，拿来一块板，画面要勾两下，凤在这里，他能马上咚咚咚开始打坯了，板上画就行了，证明他的技艺都在他的脑子里。他这个人很聪明的，是雕花的状元。冯文土有这样的成就，是他师父培养的结果，就像我是叔叔培养的，他没有

《弥勒佛》

这样大型的作品，我在他的基础上又提高一步。为什么要做"百鸟朝凤"？那个香樟木的根很大，有四米多高，我加上一个垫，一个座位，放上去有五米左右，下次如果建好我的小型博物馆，要把它放在最正中的地方，我要突出这个"百鸟朝凤"。为什么现在都做小鸟？这个鸟，品种颜色不一样，色彩做得很漂亮，很不一样。我们竹编有个好处，竹编上色很好看，想要白孔雀就白孔雀，蓝孔雀就蓝孔雀，色彩方面由我们自己决定。原来我想做一件"百鸟朝凤"，再做一件"百兽朝龙"，"百兽朝龙"也很好听的，但是兽的毛都是圆毛，不是扁毛，我们竹编适合做扁毛。"百鸟朝凤"就是要做牡丹花，还有玉兰花，玉兰花已经做成功了，我做起来很好看，这个也是我创造的，玉兰花配百鸟朝凤，漂白漂起来和真的一模一样，栩栩如生，我自己有把握。我出去都拍鸟的照片，不同形状的鸟，名字都要叫得出来的，停在黄花梨树上的鸟，停在樟树上的鸟，停在松树上的鸟，我们下次要有个说明，竹编"百鸟朝凤"人家想也没有想过，我今年已经开始构思，叫我儿子红兵画出这个图纸来，再征求东阳大师们的意见，叫冯文土、黄小明都来看过，讨论凤放哪里。我想这件作品做出来对我们竹编行业是一个很大的轰动。我现在要第五次在新的领域运用竹子，为我自己的小型博物馆打下镇馆之宝，也要几件大的作品，一走进去，让人感到震撼，那我的博物馆也好，艺术馆也好，那就成功了。如果人家来，感觉和其他人的一模一样的，似曾相识，那就说明我们搞得不成功。嵊州的大师来过，我同他们也沟通过，为什么我要做一个龙船，这个龙船放到有水的地方，烂不掉，龙船里我们还能放一桌酒水，十几个人，在龙船里吃饭，做得比较高一点。我想这样下次这个馆弄起来，有客人来，我们自己家里烧点菜，我在那里一边享受我们竹工艺文化，一边享受酒的文化，是多么惬意。从现在开始，到明年下半年，肯定就做得差不多了，总共三年时间，那件作品是以我为主的，我太太也会做的。有些东西人家都做不来的，基础工作像劈篾，其他人也会做，我们一定要排好。

现在我们东阳市非遗中心，有一个竹制品博物馆，中间最大的那块，有十五个平方米左右，叫我做。我从来没有做过这样十五个平方的大型的作品，因此也要作为一件大事来做。这个不是钱的问题，不管钱多少，我不考虑这个问题，我考虑的是要留给后世看看我的作品，人家看起来要"服帖"，东阳竹编真的是好的，这样我就成功

竹编作品《百鸟朝凤》

《百鸟朝凤》局部

了。现在吴海刚①主任同我讲,我们可以做了,但明年五月份一定要完成的。我说那我宁愿不做,时间要宽裕点,质量保证,要留给后世人看的。非遗中心弄这个竹编博物馆,我们几个省级非遗传承人的作品都要有,要给他做得好一点,要反映我们东阳的面貌。一个是横店影视城,卢宅肃雍堂②要反映出来,一个是吴宁台③就是旧市府,那里出过大人物,还有横锦水库、南市塔,这五个代表东阳的景点要反映出来,要用竹丝编出来,不同的层次,从前景和远景。非遗馆那里是重点,那里来的人很多,这个卢宅作品应该说是博物馆的一个亮点。

今天就是这样随便说说。我那个龙船做好的话,也是不得了的,我准备做四米八到五米长,这样大,那么里面一个圆桌,就放得进来。嵊州也做过一只两米多长的龙船,日本人买去了。嵊州做过,他们卖了没有了,那我可以做,如果有的话,我不做,我们行业是有规矩的。如果不征求嵊州大师的意见,那有误会的。嵊州有位大师讲,我可以参考,图纸都有的,我说那么最好了。嵊州的俞樟根④大师说"没关系,你做,我来弄几下,给我加个名字上去"。

在竹编行业做了六十年,马上就六十一年了,我想想人活一世,总要为国家为竹编事业培养后代,不要太愧对非遗传承人的名号,作为国家传承人,你不传承,那就不对了。我们要先把自己的位置摆正,竹编行业肯定有前所未有的机遇。我们东阳市也开过会,讨论过竹编的传承问题,有人把木雕创作比喻作减法,有些机器都运用的,我们竹编,机器用不来,产业化难度大一点,下次竹编和木雕分开,对竹编,有些政策要倾斜。我们现在为什么同根雕结合起来,同木雕结合起来,同宜兴紫砂壶结合起来,同景德镇陶瓷结合起来,我想这种结合也是扩大我们的业务。我现在运用范围大了,我同江苏的红木结合起来,下次同东阳的红木家具结合起来,光竹编做不大,和其他方面去结合,东方不亮西方亮,总有一个好的落脚点,那我们竹编就成功了。另外一个,我们民用的作品对环境保护有积极作用,我们现在买菜、买豆腐都是一个塑料袋。我七八年前也提过建议,叫环保人

---

① 吴海刚:东阳市非遗保护中心主任,副研究馆员。
② 肃雍堂:浙江省东阳市的古建筑群卢宅,是一座有着500多年历史,融东阳木雕、石雕、砖雕、堆塑和彩绘等艺术于一体的江南士族宅第,其核心部分"肃雍堂"轴线前后拥有九进院落,是国内唯一长达九进的古民居,因此世间有"北有故宫,南有肃雍"之谓。
③ 吴宁台:吴宁台位于东阳老市府后院,为纪念御寇殉职的县令张潮而建,距今一千余年,为东阳城历史最为久远的古建筑,现为市级重点文物保护单位。
④ 俞樟根(1932—2021),浙江嵊州人。第一批国家级非物质文化遗产项目嵊州竹编代表性传承人,中国工艺美术大师。

员到溪边、河边去看看，都是塑料袋，特别是黑色，黑色的毒性很厉害的。现在比以前要好一点，国家重视环保，扫得干净一点。现在为什么我们国家病人数增加很多，癌症很多？我想塑料袋"功不可没"。我准备同我们东阳人民医院、中医院联合，做点公益事业，做几件对人民有意义的事。我把竹编小菜篮子做好，委托他们医院、工会，我想去宣传不用塑料用竹子，对人体健康、环保有好处的。我运到超市里去，摇号，送给他们，摇到几号的人来领菜篮子、油条篮等，我把篮子作为我们一种宣传的方式。我想通过这种方式，我们竹编事业才会慢慢兴旺起来。第二方面我们竹子原材料不用愁，每年都长的。这样我们年年有竹，竹子砍不光的。上次我们国际竹藤组织在北京开会，大家都认为木头生长周期很长，现在原木进口很难的，国家要控制了，我们进口也不大容易了，以竹代木是大方向。

采访者：2006年12月，您与木雕的冯文土大师在上海举办了一个展览，当时这个展览展出了哪些作品？社会反响怎么样？

何福礼：那次是冯大师联系好的，他当时同我讲有个小型拍卖会在上海羊羊羊（恒源祥）总部，主办方邀请了好多专家、知名人士。我拿了三十几件作品，冯大师拿了七十几件，以他的为主。上海人很喜欢竹编，竹子能做到如此精美的程度，没看到过实际上是我们宣传的力度还不够。上海电视台也帮我们把作品放出来，报纸上也登了，第二天很多人来了，说我们东阳木雕和竹编真的了不起。上海那边邀请了国家文物局长，请来上海的好

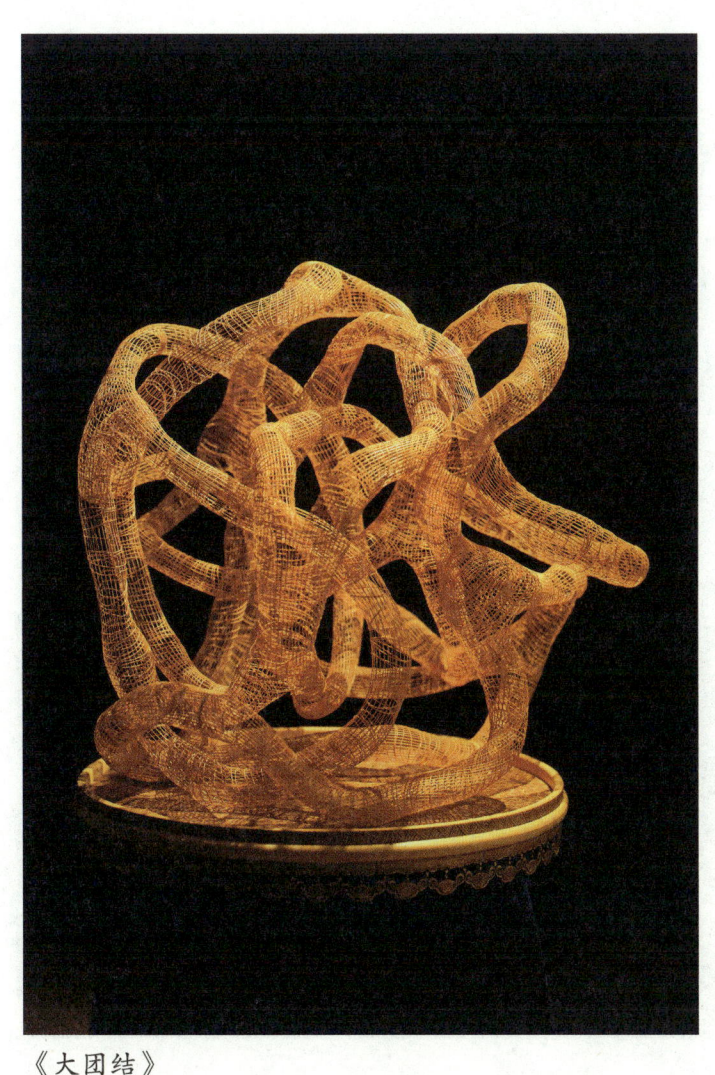

《大团结》

几家媒体，对我们的作品做了肯定。那次应该说作品卖得很好。我都卖了有一百多万。三五天时间，小型会议经济效益又比较明显。国家文物局原局长张文斌讲，他当了好几任局长了，地面上有的和地下挖出来的，同我的作品都不好比，他说我把竹子做活了。他建议我不要把作品卖给外国人，要卖给我们中国人，这个是宝贝一样，他说很稀少，我就卖了几件作品。大家对上海那次印象很好，宣传我们东阳竹编和木雕，那次小型的拍卖会是比较圆满的一次。

采访者：您从事这么多年的竹编，在竹编工艺上有很多的创新，昨天也介绍了，请您介绍一下您自己觉得比较成功的技艺的创新。

何福礼：编织方法里面，我觉得最突出的应该是竹编《角楼》作品，我把整根毛竹都用进去，这是从来没有过的。我是用了整根粗的毛竹，细的就同头发丝一样，把最尖部用在栏杆上，吹过一样的，结疤大小选得一模一样，栏杆中间用汉白玉做的，我是用竹节做成的，这是我的区别。整根竹子放到坐垫里面，那个根部我用到那四个景点里面，扣牢，一看去就是我把整根竹子运用得比较好。应该说这种从来没有做过，整个竹根都用进去，真的整根竹子都是宝，你能不能运

《乐叟图》

用好靠你自己，我最满意是这种编织方法。里面有四五种编织方法是我自己创造的，有乱编法、爬山法。爬山法这样一片片上去的，反映出爬山的样子，是爬山法。这个桂圆孔有第二层，有孔的，透空的样子，一般六角孔贴实了，就不好看了，我再用打洞的方法给它打空，那窗户就很好看了。再里面，还有一种叫作绕边法，绕边法是有点像螺丝纹的样子，这种人家没有做过，我都用到作品里面去。我把介绍编织方法的书都编出来了，现在上册、中册已经出来了，我还准备出下册。编织方法我此前送给浙江省美术馆一本，那里面有七十几种编织方法，那是上册，我现在中册里已经汇集了有七八十种编织方法，这样就一百五十种左右。我在明后年要出下册，现在的编织方法差不多有一百五十种，我准备自己去研究，去摸索不同的编织方法，几年以后会有三百种左右。

采访者：这个编织的手法是不是比以前传统的编织技法更丰富了？

何福礼： 这个是肯定的，越来越丰富，原来有七十几种，我现在会编一百多种，一百多种要到三百多种，我们要动好多的脑筋，不同的编织的方法我们怎么去运用它。第一次去运用的人，肯定要动过脑筋的，不去动脑筋的话，基本上一般的编织方法也就够了，但你如果有三百多种，这样丰富，我想下次整理出来，做成小本本，把编织方法贴在纸上，一块一块一块，三百种编织方法，我弄在

《吉祥平安》

样板上，颜色、花纹、具体的编织手法，这样人家一看就懂，这个是什么编织方法。比方我画了个草图，几根篾起头，这样我下次出一本书出来对传承有好处的。

采访者：您现在在做的包括竹跟木结合的这种工艺，也是一个新的创造，那么请您介绍一下竹木结合的工艺精品。

何福礼：竹编与红木等木头结合起来，我们的身价都有提高。为什么？故宫我修复的龙椅，就是竹木结合的，屏风也是竹木结构的。我考虑如何用到产品上去，那就对我们的传承更有利。很多人认为竹子能用的时间不长久，要蛀要霉，但是竹子保存得好，也有一千年以上。主要是不霉不变形不虫蛀，这三件事情，你办好的话，那就没关系了。做大型的作品，竹木结构就很好，就像屏风一样的，竹编要做这么大的屏风有点难度，竹子的平整度没有木头那么好，木头拼起来很平整的，竹子有结疤，弯来弯去，肯定有空隙，我们弥补了不足的地方，就是做框，做窗。木头的使用面也很广，用红木做起来，还是用白木做起来，都好。如果这个结合得好，也是对我们竹编行业的一个支撑。现在经济不是太好，我的作品照样有人买，有些和木头结合得好，他们都放心，像这件作品一样的，编织方法也很多了，贴金那块，我做了十块，六块人家已经订走了。我刚拿出来卖的时候为了扩大影响，还要便宜点，六块都卖掉了，我现在只卖十三万八千，故宫里有好多东西都用到那里去，人家看看都很喜欢，明年来买的人，我就要十六万八千了。

《天象圆盒》

采访者：等于说是促销一样的。

何福礼：不是说我产品越做越好，价格就越卖越低，我的价格越卖越上去，如果最后两块二十万左右，那就不做了，十块已经卖光了。那消费者，买去的人，增值空间多，他喜欢收藏我的作品，作品卖出去十三万八千，过五年以后十二万八千了，那就亏掉了，对不对，我们要留给他们空间，那客户会喜欢我的作品。

采访者：竹木工艺结合的灵感，是不是故宫修复对您的启发？

何福礼：启发很大，故宫的龙椅就是竹木结合的，要竹木结合，和象牙结合，同和田玉结合，和陶瓷结合，都结合起来。现在我们有些方面不好做了，象牙不好做了，我留青雕和彩木镶嵌结合，东阳彩木镶嵌好几年没有人做了，我那次做出来，在杭州全国展会的评选上，我是特等奖。为什么评我特等奖，我彩木运用得好，处理得好，应该说没有空隙的地方，我想就是木雕彩木镶嵌嵌得很平整，色彩嵌得也比较均匀，人家就评我特等奖。

采访者：何老师，您接下来准备自己建一个竹编艺术馆，那么您现在留下来的自己比较满意的作品有多少件？

何福礼：我现在留下来的作品有一百多件。

采访者：您这个展馆今后大概能够容纳多少件作品？

何福礼：我想想大概三千多件作品。

采访者：三千多件？

何福礼：我现在有个想法，这个想法好不好公布我现

《宝座》

在不知道，你们可用可不用，都没有关系。我想我现在做五十件作品出来，就是五万到三十万左右，有些大师喜欢我的作品，我同他交换。我现在有陆光正大师的作品，有冯文土大师的作品，东阳的大师先收，再去交换龙泉宝剑、青田石雕行业界大师的作品，他们都喜欢我的作品，我也喜欢他们的作品，全国的大师我要收它五十个。我总的规划是这样的，我的艺术馆一进去以我的作品为主，我的作品介绍占一部分，第二个部分，我把我叔叔的作品，前辈的作品也找来，再把儿子的、徒弟的，还有孙子的代表作品拿过来，他们现在都有几件做在那里了，一代一代展示，我的意思就是传承，这么样一个环节一个环节，这样人家一看就知道，他是在一代一代传下去，薪火相传。另外，我把调换来的五十个大师的作品，配上照片和文字介绍，这样能让更多人喜欢，宣传我们东阳的木雕，东阳的竹编。这个馆在哪里都无所谓，我这里放一个那里放一个都可以。下次这个里面也可以建一个博物馆，这样对扩大我们竹编的业务，对传承都有好处，好的作品不是卖掉，我要调换来。如果这样做，想收五十个大师的作品相当有难度的。景泰蓝我和人讲好了对调的作品。这件事一年两年做不到的，要通过几年的积累，起码要五年以后积累起来。那个艺术馆应该

《老寿星》《猴子》

说，不光是看我的作品，也可以看其他大师的作品，这个馆建起来对传承是绝对有好处的。如果按照我现在的意图做，看的人也会满意，我自己更满意。同你们浙江省非遗馆一样的，世界领先，中国一流的，个人的展馆那就要花点血本。

采访者：何老师打算用几年的时间去实现这么一个愿望？

何福礼：我今年马上要七十六岁了，八十岁之前这个事情要完成掉，如果弄起来，我肯定要同陶瓷结合，同谁结合，我的作品都要我自己留。

采访者：这个馆其实不仅仅是您自己的个人艺术馆，也是大家的，艺术家的，传承人的家园一样的。

何福礼：对，一个家园，有些其他人传承得好的，我们可以互相学习，陆大师木雕是好介绍的，龙泉宝剑是谁的，这个角度上，不是我一个人，也为其他人打造了一个比较大的平台。麻烦是有的，困难也是有的，要有经济实力。你要做出五十件作品，同时我们还有其他作品要做，拿去调换的作品一定要好，不好的话我们名声都没有了，我想八十岁以前，肯定实现这个目标。

采访者：肯定能够实现。

五、请进来走出去让非遗融入生活

采访者：您是什么时候被评为东阳竹编的国家级非遗代表性传承人的？

何福礼：这个大概是2009年6月，我是第三批被评为国家级非遗代表性传承人的。我评上国家级传承人在竹编行业上还算早的，此后，在传承方面，我自己认为责任更重了。想要做好这件事我要做到两个方面。第一，要加强自身改造，努力学习，增加我们自己的知识。第二，要"请进来"和"走出去"："请进来"是把美院或者大学教授请进来给我们上课，学习基本的知识；"走出去"是我们要到学校里去，利用校园传承我们竹编的文化。比方说我们东阳有个广厦职业技术学院，聘请我做客座教授。我在义乌工商学校，现在也叫工商大学，我今年都去讲了好几次课。他们也经常到我们厂里来，一来有五十几个人，两个班，到这里来实习，我教他们做作品。义乌工商学校有几个班，专业不一样的，应该有信息宣传，有服装设计，有工艺美术设计，我都去讲过课，我们要将工艺美术与造型艺术结合。此外，来自非洲的朋友也很喜欢，他们非洲国家的人到这里来，看到竹子能做到这种程度，非常惊讶。回去后，他们也设计出来好些作品。他们现在做复杂的难度比较大，设计、画出来简单的造型，测试实用程度及拓宽市场上的销售渠道。义乌的有利条件，你今天做起来，有货拿到摊位里去卖，那就扩大我们竹编的知名度。评上传承人以后，这种工作都是我们自己的职责。如果拿了国家的钱，一点不传承，不去讲，不去上课，不去努力工作，不去做新的作品出来，那我们传承人只是空的名头，要符合我们现在的实际，把我们的实际行动用到传承文化上，把竹编的文化讲给他们听，先讲后做，我是这样的想法。

采访者：东风竹编厂请过哪几位老师来讲过课？

何福礼：我们厂是中央美院和中国美院两个美院的实习基地，我就请他们雕塑系的班主任、教师来指导。有两个老师来过，一个是姓冯的，一个是姓马的，好几个教授到我这里上过课，我们全体职工都来听的。包括我现在有的六十几个人，做木雕的、做家具的、竹编、油漆，红兵也一起参加的。这个讲课对提高我们竹编业务有好处，讲课的内容很多，造型怎么样优美等。虽然陶瓷讲的比较多，瓶瓶罐罐，器皿类，盘子类比较多，但陶瓷和我们竹编是兄弟姐妹一样，我们竹编同它结合，造型绝对可以运用的。两个美院的教授经常到我们这里来，还有毕业生要毕业创作，都到我这里学，我们都帮助他们一起做，工人也一起做。有一次中央美院学生来实习，是我们工艺美术协会的杨明贤会长带过来的，他说要照顾一下，尽量要给他们提供方便，稍微收点材料费。还有一次来了二十四人，待了十天，住在隔壁的宾馆里，我二楼都移出来给他们当工作室。就是有其他客人来，喜欢学竹编，我们一样教他，这样他们会宣传我们。我有几个设计图案，一来我先发给他们上课，讲给他们听，竹编是怎么样的编法，你们需要哪种编法，我书上印刷出来七十几种方法叫他们选，你自己选什么，我们教你们什么，材料都由我们提供，我想想这种对他们也好，提高得很快，对我们职工也有些提高。有些编织方法，按照图案来编织，那就更好了，他们方便，我们也方便。

采访者： 您刚刚讲了，现在我们的传统工艺振兴，也是国家提倡的一个战略，包括现在文化跟旅游合并了，文化旅游这个部门的出现您觉得会不会带来新的机遇？

何福礼： 我们横店文化同旅游结合起来的比较多，我们要做一种旅游商品，容易携带，价格要便宜，最好是不能超过五百块，要做出一种价廉物美的礼品出来，要有地方特色。到东阳来过，有东阳竹编，带去放在桌子上也好看，送送朋友也好的，代表我到东阳来过。原来横店也请我们去做东阳竹编，当时对这方面还不够重视，那次我们工艺美术协会组织我们去当评委，组织我们进行城市礼品、旅游纪念品的礼品评选。那次我小孩子们没去参加，两个作品被选上。城市礼品价格两到三千以下，旅游纪念品要八百块以下，有规定的。

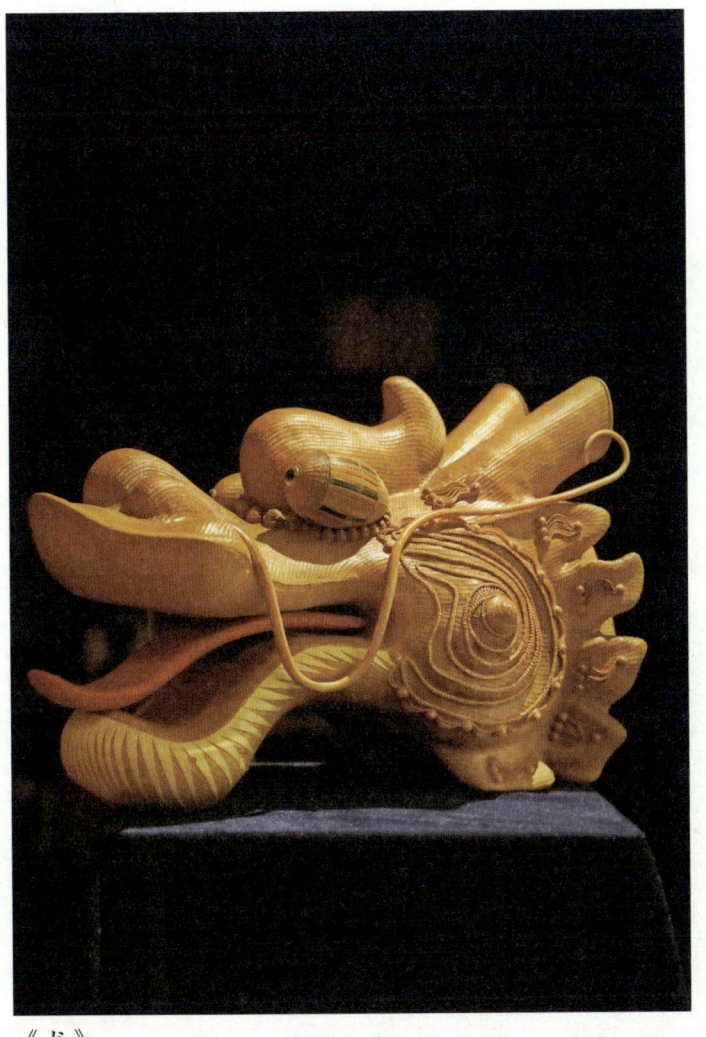

采访者： 主要是让大家能够消费得起。

何福礼： 对，让大家能够消费得起，我想下次我们竹编也要去参加这种大展试试看，可能会增加我们的销路，我们要扩大业务，各个方面学会两条腿走路。既要做高档的，也要做中档的、低档的，这样走路很稳。现在，我做的都是收藏品，但是消费的人比较少，富裕的人才来收购我的作品，一般老百姓消费不起。现在我要设计一种小而精的作品，价廉物美的，八百块以下的，两千块以下的，最好是两百块左右的，看看作品是好的，更有人买，设计这种产品对旅游文化应该有好处。

采访者： 多开发一些价廉物美的，包括特色性强一点

《龙》

的。现在你们竹编行业,有没有行业之间的竞争?

何福礼: 有是有点的,但是我们做法同他们不一样,那竞争要小一点。我们的产品以高档、中档为主的,他们有些地方是低档到中档为主的,高档做得很少,他专业力量达不到。我想有时候行业上的竞争可以取长补短,有促进作用,开个竹编行业研讨会什么的,这种行业争论是对头的,不要结合私人的那种,关系弄僵就不好了。应该说重视我们竹编行业各方面的发展,大家有一种竞争性是好的。不喜欢他人来模仿的人很多,我说没关系,做竹编的才几百人,又没有几千人在做,我说几百人来学更好,像我发明的乱编法,很多地方的人,他们也学着做,但是他们层次感做得没有那样好,达不到我的效果,他们价格便宜一点也好的,有人买更好,又没关系,这个竞争总是有的,一点竞争没有也是不可能的。

六、学好手艺要做到"口勤脚勤手勤"

采访者: 您的几个孩子都从事竹编这个行业,有几个继续在做的?

何福礼: 我两个儿子跟了我二十多年了,原来一个是在工艺美术公司,一个是在国营厂的。在我成功创建了东风竹编厂以后,我就叫他们出来跟我一起做竹编。我孙子原来去德国留学,他是学机械专业的,德国机械专业比较好。他去过好几个国家,回国后,我就做工作。我说:"跟爷爷做有一个好处,你到人家那里打工,和到爷爷那里做哪个好?"他们全家和他的女朋友都赞同我的意见,他就同意接爸爸的班。现在我们三代人在做竹编。

《金华火腿》

采访者：是红亮的儿子？

何福礼： 红亮的儿子，叫何凯舒。去年，北京派我们外出交流，我也带上了他。工艺美术协会的杨会长问我："去年你到伊朗去怎么样？"我说："伊朗地方是好的，但是我吃的不大习惯。"他说："我也不习惯，饮食不习惯，主要是吃牛肉、羊肉、鸡肉，这三种肉，都是烤的，是每天一餐，每天这样吃，胃口有点问题。"他们还有一种习惯，到下午两点钟才吃午饭。我们教他们竹编，几点钟吃饭他们也不叫我们。

采访者：就是中午弄到两点钟。

何福礼： 有时候弄到三点钟，下午就不去了。

采访者：早上几点钟开始？

何福礼： 早上那里也是八点钟上班，有时候中午饭也不吃的，做到三点钟吃完饭就回家了，这样我们有时候不习惯。刚去时，我们住在德黑兰的五星级宾馆，我照片也有拍来，这样好的一个宾馆也是竹子装潢的，证明伊朗人也喜欢竹子。他们粗糙的活会做，细的做不

《渔家乐》

来，用的竹编工具和我们东阳的不一样，和贵州人一样的，就是直的刀，我们的有个钩的，钩头最好。他们的工具，主要从日本进口的，日本劈竹子的机器都有的。工具不一样，做出来的活就不一样。有几个女人也很聪明的，她们都包着头巾，每天劈篾，我把自国内带去的工具全部赠送给了她们。

采访者：您的两个儿子现在的技艺，传承的情况怎么样?

何福礼：两个孩子，现在他们虽然都是省级工艺美术大师，都是金华市级非遗代表性传承人，（但）他们不是从小学开始学，二十多岁才开始学竹编。但是他们都有点艺术细胞的，两个儿子这点是好的，泥塑、油漆、画画。我大儿子没有到美院深造过，小儿子红兵去美院深造过，所以画画的基础要好一点，但是论实际经验两个人差不多的。我现在对孙子是这样讲的，他基础打好以后，我会送他去美院进修两年。他有理论的基础，有绘画的基础，有实践的基础，那就比我们还要强。我们如果帮他把基础打好的话，孙子肯定会超过我，他现在学竹编已有两年，我们毫无保留地教他。现在他都能劈长竹子，像这个《菩萨》竹编的篾丝都是他劈的。我也大量放手，叫他不要怕

《骆驼》

苦。我经常教育他，"学手艺要做到口勤脚勤手勤"，我把老师傅教给我的，厂长教给我的这种话，也讲给他听。有些方面，要向其他师傅学习，在这方面我孙子他是比较好的。

采访者： 他是什么学校毕业的？

何福礼： 天津理工大学。大前年，他毕业以后去过半年德国，还有日本等好几个国家也去过。我让他多去看看人家的博物馆里的宝贝，多拍照片，总结他们的经验，对他创作和经营是有好处的。等我们下次搞起自己的艺术馆，都有一定的依据了，知道怎么去经营管理。我们要多看人家好的作品，作品看得多，资料看得多，我们脑子里藏的作品多，见识也多。闭门造车是没有用的，造不出来什么作品。要看人家作品，分析人家作品，学人家长处，那我们自己就有提高，我是这样跟他讲的。

采访者： 那他现在也跟了您两年时间了，他安不安心？

何福礼： 安心的，很喜欢竹编的，他这次去苏州参观了日本人举办的展览，我说你去看看，日本的作品有日本的长处。日本原来经验比较好的，现在也是同我们一样的，是老的人会做，没有年轻人传承。我们国家在保护非遗方面，同日本的做法不一样的，我们传承人还有津贴，但日本仍在文化遗产保护方面做得很好。

采访者： 您刚刚讲了您的两位儿子，还有孙子，现在也是从事东阳竹编，那么除了他们之外，您还带了哪些徒弟？

何福礼： 在我带的徒弟中，东阳人比较少，为什么？现学手艺的东阳人很少的，几乎没有，后继无人了。以前国家计划生育政策规定，一个家庭只有一个孩子，总想让孩子还是念书好。现在政策放宽了，情况会好一点，来学竹编的人也会多一点。我们现在带的徒弟当中，安徽的两个，福建的一个，广州的一个，（湖北）武汉也有，（江苏）南京也有，还有四川的，广东的，其他省份的人很多。我带徒弟是从来都不收费的。

采访者： 他们跟您学竹编，一般在厂里待多长时间？

何福礼： 一般是两年到两年半。有好几个人自己厂都办起来了，我问他们经济效益怎么样，他们说过得去，比打工总要好一点。我东阳的徒弟，就是那个蔡红光，跟我二十几年了，现在也是金华市级非遗代表性传承人，浙江省工艺美术大师。

采访者：蔡红光也是传承得比较好的？
何福礼：女的当中是比较好的一个。

采访者：那么现在您觉得东阳竹编的传承还存在哪些问题？
何福礼：我想是这样，后继无人的问题是比较严重的。我经常到我们东阳的聋哑学校，或者其他的几个技校去上课，我是这样开始讲课的，"欢迎你们来学我们竹编，欢迎你们来学我们木雕"。我们厂里有木雕，有家具，有竹编，但是仅靠嘴巴讲讲，教学效果还达不到我的要求。现在我想这个门路要两个方面，首先是呼吁政府对竹编各方面政策要倾斜一点，评大师也好，交税也好，鼓励师傅带学徒，要给我们多方面的优惠政策。比如国税地税并起来后竹编交税要交十（个百分点），木雕只有九（个百分点），竹编这么难做，交税还多一点。现在的人大、政协他们在我这里调研时，我就向他们呼吁对竹编要有倾斜优惠政策。木雕带学徒还要补贴老师多少钱，我们竹编没

《对鸟》

有的，应该同等看待。我们小企业没有优惠政策，竹编真的要失传。有些大师讲东阳还有几千人在做，我实事求是讲，错了，甚至还没有三百人，他们领导听了真的吓了一跳。我们这里三十几个人，胡正仁[①]那里二十个人不到。

采访者：东阳竹编行业吗？

何福礼： 原来竹编行业很好的，有七十多个加工点，一个点最多有六七十个人，那时候有几千人对不对？现在这些点都没有了，散掉了，改行改掉了，这是为什么？

采访者：主要是没市场？还有销售问题？

何福礼： 一个是销售问题，更重要的是员工收入问题。我这里工资还算高的，我这里好的有两百多一天，木雕比我的工资高好多，木雕好的有三百多块，三百多块跟两百多块相差很多。工资没有保证谁来学？我也对我们文化系统的领导讲过，我对东阳市非遗中心主任吴海刚都讲过，原来大的集体单位都归经贸局管的，但现在都归红木办管了，他们是要讲税收要讲产业大。木雕红木办公室，我们竹编不挂在那里的，我们归文化系统管了。

采访者：这个是新成立的单位？

何福礼： 新成立的单位，经贸局这些人也归红木办管了。

采访者：那现在有没有经贸局这个单位？

何福礼： 单位有是有的，但是经过体制改革没权了，评大师等一切评比都是由红木办管理。由于现在我们产业化规模不大，得不到重视，我曾跟财政局局长讲过，反正东阳竹编每年缴纳的税额才两百万左右，干脆免掉算了，算是给竹编一个优惠政策。和木雕就不一样了。

采访者：整个东阳木雕一年大概多少税收？

何福礼： 木雕有几个亿。手工业要搞产业化，难度很大。现在又碰到了环保等问题，现在来检查的部门很多。今天我儿子中午饭都

[①] 胡正仁：浙江省工艺美术大师、浙江省级非物质文化遗产项目（东阳竹编）代表性传承人。

没吃，陪他们进行安全检查，我们竹编以手工业为主的，我说何必？我想要扩大产业，要加强各个部门市领导的重视。第二个，宣传力度方面也有关系。中央电视台十三台都在播出木雕的陆光正大师，我们竹编一点都没有。四川宜宾的优惠政策很多，习近平总书记到四川考察，他在那里讲过几句话，把竹编产业做大做强。他们到我们东阳招商引资过，竹编的黄学敏[①]还搞了座谈会。宜宾市长看了我的作品以后，想请我们去发展竹编。那个市长是这样讲的，"后会有期，会来请你的"。四川省副省长都来的，说明他们很重视竹编行业。我那天也讲了几句话，我说你们四川肯定有希望，浙江要向你们学习。他们的竹编也有几个亿的产值，产业化做得比较好，我们浙江也有几个亿，安吉的产业化做得比较好的，安吉现在注重环保、生态，它主要搞竹子文化产业园，搞文化旅游。有一次，一个日本人同行想让我去越南办厂，越南的人工工资低，去那里发展一个基地，做竹制品。我拒绝了。现在这个人也评到亚太竹工艺大师。

采访者：你们现在还有交往？

何福礼：这次我和他一起评上的亚太竹工艺大师，但是现在他价格卖得很高，我做的作品刻上他们的名字，我这里出去是一块钱，他那里是十二块钱。

采访者：他现在每年还来您这里？

何福礼：他经常来叫我，我现在不给他做了。有些人买回来的都是我做的包，他的贴牌，我要求每年要增加百分之三，他说只肯多给零点五。

采访者：就是利润分配？

何福礼：今年卖出去一块，明年就是一块三，他说零点五。零点五，就只有一点点，每年递增，他有点怕，我说他的利润空间太大，我的利润空间太小。他每年来一次总要叫我，今年又来叫我，我说我给你做样品是没关系的，我快一点，批量越大越快。他说何大师总要帮帮忙，何先生总要帮帮忙。至今我给他们做了十五年左右。

---

① 黄学敏：亚太地区竹工艺大师、中国传统工艺美术大师。

采访者： 他们的市场也很大？

何福礼： 他们进口很多。

采访者： 主要是进口哪些？

何福礼： 他是进口盘子比较多，用途就是面包也好放，鸡蛋也好放，什么都是用竹子的。他不大喜欢陶瓷，还是喜欢竹子。用竹子做那种器皿类，插花花器很多。

采访者： 现在，你们东阳的竹编行业，有没有成立行业协会？或者其他相关的组织？

何福礼： 我们东阳工艺美术行业协会，传承还比较好的。

采访者： 那么竹编没有专门成立这种协会吗？

何福礼： 竹编分会是有的。

采访者： 会长现在谁在当？

何福礼： 黄学敏。

外贸产品

采访者： 东阳整个工艺美术行业协会会长现在是谁？

何福礼： 原来是叫王正明当的，王正明从市政协主席位子退下来后，按规定不能继续当了，大概现在副会长在坐镇。原来陆光正大师当会长的时候做得很好。

采访者： 陆光正大师也当过？

何福礼： 我原来是副会长，六十二岁就退掉了。后来他们考虑何红亮，让他当了两届。

采访者： 何红亮也当过副会长？

何福礼： 现在也是副会长，第二届了。我当了两届还是三届副会长。

采访者： 一届几年？

何福礼： 五年，我也当了十几年副会长。

采访者： 刚刚您也介绍了，包括当地政府、文化旅游部门，对东阳竹编的扶持和传承保护有没有相关的政策？

何福礼： 政策还没有出来，他们说要成立单独做竹编的专业。根据现在中央和上面的指示，就是要以竹代木，把竹编强化起来，竹编的第二次发展高潮到了。为此，他们开过一个座谈会。竹编行业要兴旺起来，也是有基础的。省级大师、金华大师总共有三十几个人，三十几个人牵头做，产业也就带动起来了。现在的问题是即便大师做出来的作品，销路也有问题。第二个就是组织起三十几个人，有负担，为什么？如果每人两百块一天，一个月三十个人要多少工资，起码六七万，一年没有两百万产值，根本没有办法开支。我同红亮两个人，组织三十人不到，十五个人，木工雕工一起加上，我一个月要开支七万多。

采访者： 每个月都要七万多？

何福礼： 我、我的太太不发工资，工资单不知道弄哪里去了。一个月要七万，一年就是八十四万，还要电费水费，对不对？还核算成本，你起码要做两百万的产值，才有点利润了。

何红亮工作照

采访者：那现在能够做到多少？

何福礼： 我去年做了一百万左右，保保本。现在我们家，经济单独核算的，我大儿子归我大儿子，小儿子归小儿子，我归我自己。前年好一点，前年有东阳人花了一百万收购我那九个龙头，今年就没有大生意，没有大生意就不好了，我每年都有一百万的项目那就好了。有一次，就是我讲过红楼那家公司，他到这里看到，他全部拿走，就是刚刚那个红太阳，《大海航行靠舵手，干革命靠毛泽东思想》，他收了，他一定要那块作品。

采访者：他是开酒店还是？

何福礼： 不是，他在上海搞了两个博物馆，一个竹制品博物馆，一个木雕博物馆。那是十几年前，他在我这里看到，我原来报价五百万，他还价还到三百多万，我又加了点税。我当时不肯卖的，有些作品做不回去了，那个黄紫金画的，屏风我们做的，竹编厂拍卖掉了。我同那个徐经彬厂长讲，我说有两件我做的作品，能不能够卖给我，价格他讲，能优惠点优惠点，不优惠也没关系，按照市场价，他说那可以，我那块《大海航行靠舵手，干革命靠毛泽东思想》也是只有几千块钱。

127

采访者：那是什么时候？

何福礼：十五六年了，我买来，他是同胞，给他买去了，一大车，三百多万，现在两千万也不够，他有点运气的。他全部用摄像机摄去。我原本以为这个人，嘴巴讲大话的。他说："何大师你放心，我明天九点钟，三百六十万钱打过来。"我说："你打过来我卖给你，不打也没关系。"一个省工艺品进出口公司的领导说："何福礼，你卖了吧，我们省工艺品进出口公司现在要做到三百多万也有点难度的，又没有这样大的单子，你卖掉可以做回去的。"他这样讲，我就决定卖掉。我想想也好的，卖掉以后没有内债也没有外债，还掉了我原来造房子欠的七十多万债务，从此站起来一样的，心宽体胖，扬眉吐气了。第二天，果真九点钟，手机响了，短信发过来了，三百六十万真的打过来了。现在回忆起来，觉得太吃亏了点。屏风没有太亏，《大海航行靠舵手，干革命靠毛泽东思想》那个作品太亏。屏风现在做也能做回去，要花几万块。

采访者：这个屏风多大？

何福礼：屏风是四扇的，里面有一个价值意义，就是屏风图案是黄紫金画的，我们编织编好，一排放起来，他当时在篾上面画起来，叫作X(东阳竹编的一种编法，很难翻译成普通话，大概意思就是先在竹篾上画图案，再按照图案来进行平面编织)，他画了一朵牡丹花，一朵菊花，一枝竹子一个什么，他这样马上在竹子上面画出来，我再按照他纹路打上去。我们要按照他画的黑线，一点都不要压掉，他画在那里要挑起来，白的都要压掉，那立体感很好了。这样打起来的作品，现在一点没有了。竹编难度不是很大，但是要找一个画得好的人很难。现在要画，陆光正和冯文土两个人，陆光正画的大气一点，其他人都画不好，这个得有功底的。那块《大海航行靠舵手，干革命靠毛泽东思想》是我自己打的，毛泽东头像是我打的，我也打了几个月。那块红的，是军帽上的一个五角星，两边还有，是浙江美院一个老师画的，现在这种政治题材很少了。

采访者：昨天和今天您讲了这么多，包括您从事竹编六十几年，关于传承，也碰到很多困难，政府也很重视，那么您自己从创办竹编厂到现在，觉得对于传承保护，有没有独到的好思路与好办法？

何福礼：我想竹编真的要一代一代传承下去，一个方面要呼吁上级领导，为我们竹编制定合适的优惠政策，改善外部环境，进而提升自身水平，外因和内因要结合起来，开发和创造新的价廉物美的作品出来。真的要救活我们竹编行业，我们要动一番脑筋，要继续发扬我们自己的优势，要"请进来，走出去"。我们要提倡现在的工匠精神，把这种工匠精神贯穿到每个工人的身上。我想在政治上也要做好工作。我有个党支部，让党支部起到带头作用，我们先走一步，再发挥党员的骨干模范带头作用，我想这几个方面如果能够步调一致，那对传承、发扬或者提高我们的附加值要更有利一点。

七、竹编创新要在结合上多下功夫

采访者：现在从中央到地方，提出来创造性转化、创新性发展，就是您反复强调的，作品的题材方面，编织的技艺方面，跟其他几种工艺结合的创新。那您觉得这个创造性转化、创新性发展使东阳竹编在哪些方面会有比较好的前途？

何福礼：我想创造性转化方面，我的考虑不够成熟。想要发挥我们竹编的优势的话，要在结合方面进行创新。我现在虽然和木雕，和家具，和根雕结合起来，这也只是一个方向。我原来也同上海那个公司讲过，如果金属方面，金丝银丝，能用到我们竹编身上，附加值还要高一点。再一方面，现在旅游事业越来越大，就是我们要利用和其他工艺的编织，要做出真正吸引文化旅游市场（的作品），要适应这些旅游热点，做出来一种价廉物美，看去很优美（的作品）才有市场。我想这方面对我们竹编行业也好，产业化也好，传承也好，都有好处，要下大功夫。

采访者：何老师，能否适应东阳竹编的传承人，很多技艺非常好，但是他的作品现在的销售手段，他们能不能做到一种分工协作、合作共赢的模式？

何福礼：我们要抓牢两个机遇，一个是要利用好义乌小商品市场基地，我们同义乌也讲好，给我几个摊位，销售的路子就扩大了。早期，我在义乌是托人家卖的，当时我卖得也很好，一个月卖掉几万。合作的人帮我卖一只，给他百分之十二。他为了批量卖出去，他越卖越低，我们利润空间很小。好比《马踏飞燕》八百块一只，他七百也卖的，一七得七，二七十四，他也有八十四块钱好拿。我们这种手工的也不是机器生产的,(要是)一天《马踏飞燕》有二十只做出来,三十只做出来,那是没关系的,我们这个要三天五天做一只,那如果卖七百块钱,再加上给他的利润,就没有花头了。义乌小商品是面向全世界的,我们要做出一种商品吸引国内市场和世界市场。反过来我日本不做了,下次我们这种东西拿到非洲去,这类产品非洲人很喜欢的,粗糙点也没关系,只要价格便宜点。我们做出来价格便宜的东西,在义乌市场上试试看,那产业化我能做得起来。第二个方面就是我们要去调研市场,调研过就不会盲目。这几年经济不景气,我们要坚持住,坚守岗位,做大量的工作,形势稍微好点,我们就走在人家的前面。自身要有种准备,总有低潮有高潮,波浪形地向前发展,过两年以后很好了。我们没有人才,人散掉就不好了。第一个稳定我们工人的队伍,第二个要调查市场,这样慢慢等到形势稍微好一点,机遇来了就很好了。两条腿走路,做低档也做高档,中档也做。现在改革开放点,我们动点脑筋,工资每年要加一点,使工人们基本守得住,这样他们就安心了,等到一扩大那就更加容易了。

采访者: 何老师,您介绍了这么多自己的代表作品,成功的经典,作品设计方面您自己弄好之后,有些还要征求其他大师或传承人的意见,进一步完善。这个对您创作精品有没有带来好的帮助?

何福礼: 我想我首先要把初稿画出来,做一个老虎也好,做一个

《马踏飞燕》

弥勒佛也好，把初稿画出来，把泥塑塑好，然后再让他们提出意见。这就像看一个人，第一个看脸部，脸部最主要，看你的五官端正不端正，第二个看身材，你坐在那里有个坐相，弯弯曲曲就不好了。这就是为什么整个作品我要先泥塑塑出来，不是光在那张图纸上，纸上谈兵可不行。

采访者：是您请人塑还是自己塑？

何福礼：我自己塑。两个儿子也都会泥塑，现在他们的水平提高起来，比我好一点。他们年纪轻，这个是要力气的，没有力气，泥塑真的有点吃不消，泥塑泥要弄得很稠软，要有黏性，啪啪啪要敲得怎么样。我年纪大了，力气要小一点，要塑好的作品，像燕子造窝一样的，一点点加上去。念过美院的就很正规了，先把架子搭好，这个架要有铁丝，抓起来，起码能承受几千斤重的泥土，能够牢固。今天塑上去，明天倒下来就白塑了，对不对？我们没有这个规矩，美院只有他们来上课塑给我们看，我看到过，我没有去那里实习过。

采访者：您都是自学的？

何福礼：都是自学的，当时在竹编厂大厂的时候，美院的人也经常来的，他们到我们这里劳动，他们那个架子弄起来是很好的，泥土一点点上去的，需要几天的时间，这一层干掉了再另外一层加上去，动作比较规范，他们是规定多少尺寸要多少工夫，速度也相对慢了点。我们自己是越快越好，操作不规范一些。以前我塑很大一只象，和真的大象一样，我第一天塑起来，第二天全部掉下来了，太急了粘不牢，等于一天一夜白塑了，再重新来过，一点点一点点等干燥了再上去，不会倒下来。如果到美院实习过的，就会规范一些。红兵就稍微去实习过，学习过就不一样。原来我塑得好一点，现在他们好了。

采访者：现在非遗保护传承中如何更好地运用市场、融入生活，把实用性和观赏性两种功能更好结合起来？

何福礼：现在只有竹编的，以前去展销会多一点，这两年国家规定七十岁以上就不好出国去了，害怕身体出什么问题，我七十岁到美国去的时候，你们省里同意，文化厅同意，我们东阳同意，到金华卡牢了。我有个印象，就是报出去几个人，一定要几个人去的，省非遗保护中心裘国樑都很急的，我说这个又没有办法，我只有去。刚好见到了原来担任过金华市副市长的曹副市长，现在担任的是金华市政协副主席，常委。那天他刚好在金华开会，我说："曹主席，有点问题你要帮帮忙。"

采访者：当时金华市的市长是暨军民？

何福礼：不是。后来他打了个电话，批评了外事办，说对何大师的问题要开绿灯，省里同意，东阳同意，金华为什么不同意？这样搞是不对的。外事办卡得很紧的，七十岁以上原则上不得办理因公护照的新规定刚刚要出台，还没有执行，他是这样讲的。那以前到国外去展览也是比较多的，宣传我们东阳竹编的机会多，来的商机也多。下次我们要同各个部门沟通，我把竹编好的作品拿去展销，让国外也知道中国竹编，优秀的作品给人家多看多观摩，要加强宣传力度。

采访者：那么您前前后后去了哪几个国家和地区参加了一些展览会？

何福礼：我第一次出国就是到澳大利亚，澳大利亚应该说是反应比较好的一次，那次也比较成功的，他们公司说第一次出去订货，有几百万美金订过来。第一次在总结的时候，他们说何福礼太辛苦，他们叫我第二次也去，规定是三个国家，意大利、法国、西德，去欧洲。当时欧洲共同体这点很好的，他们说，带我们去瑞士，那边都好去的，都通的，我们车子开出去，很近的，隔壁邻居县一样，不要签证都可以去的。第二次出国我去了七八个国家。

采访者：那时候是几几年？

何福礼：大概 1983 年，第二次去是 1986 年。

采访者：那个也是省进出口公司？

何福礼：对，就是一个副总经理，一个翻译，再一个我，三个人去的。这个总经理，他会讲英语和西班牙语，日语都会讲几句，讲得比较好，就只有我一个人讲不来。他们去做生意，我一个人去这里逛逛，那里逛逛，走遍巴黎城，皮鞋都走破掉。

采访者：皮鞋都走破了？

何福礼：新的皮鞋，三接头的皮鞋那时候算好的，真的我每天走路。

采访者： **到了巴黎去了哪几个地方？**

何福礼： 埃菲尔铁塔、卢浮宫都去过了，走错了路，走到那个叫作什么河，塞纳河，走到塞纳河回来就跟我们走到杭州的西湖一样的。我有时候走错了，把住的饭店名字写在白纸上，坐出租车回来，我们讲话讲不来，只有这样的办法。西班牙我也去过，那个意大利有个叫作什么城，威尼斯水城。

采访者： **那个也是带着任务出去的？**

何福礼： 主要是访问客户和订单，就是到老板那里去，听听老板的意见，我们中国出去的竹制品怎么样。原来竹编在意大利销量比较好，意大利原来有竹子也会做的，天气慢慢冷了，那个地区的竹子都死掉了，买竹子进口到意大利再劈出来成本又太高，他们做做不合算了，现在来进口我们国家的东西。我们一个访问客户，第二个也做点生意。先去到德国法兰克福，那里银行很多，德国、西班牙、瑞士、荷兰，我全部都去过。英国我也去过，我那个外甥女在英国念书，她大学毕业时，我们去参加这个活动，我和太太、小明一起出去的。还有苏格兰，苏格兰男同志穿裙子的，女同志穿裤子，反过来的，苏格兰就是这样的。

采访者： **后来评上非遗国家传承人，参加了哪些外事非遗交流活动？**

何福礼： 我去的国家和地区多，美国去过，还有中国的台湾、香港特别行政区、澳门特别行政区这些地区。

采访者： **在美国，您主要参加了哪些活动？**

何福礼： 参加活动我们都有规定的，派我们到哪个博物馆去做两天，一边做一边卖都可以的。干了八天活，宣传我们浙江的文化。五十多个人，有一个歌舞团，浙江歌舞团，这帮人年纪很轻的，小姑娘小伙子，热闹是很热闹。还有嵊州泥塑大师，杭州那个木版印刷的魏立中也去了。

采访者：钱高潮[①]有没有去？

何福礼：钱高潮也去的。还有一个王星记纸扇厂也去了位小姑娘，还有一个竹根雕。七八个人去的，那次他们对我们印象很好了。

采访者：竹根雕是不是张德和[②]？他们国外的也很喜欢我们中国的作品。

何福礼：很喜欢，我做的那种虾，做的那种花，在那里卖，有时候一天也有四五百美金，很多人买。那我想想美国的消费，应该说十五块到二十块美金，三十块美金，很简单。小孩子喜欢那就更好了，我们要抓住消费者的那个（心理）。旅游产品一样的，小，马上拿走，一边做一边卖，那就很好了。后来我们到那个领事馆，吃饭在那个领事馆里吃的，那个馆长对我们也很好的。领事馆请了好多外国的朋友，我们现场表演给他们看，我做起来，马上送掉，他们说很好，很开心，那次真的扩大我们影响，我们就宣传我们浙江比其他地方要好得多，这样也很好的。这个真的证明我们工艺美术受外国人欢迎。

采访者：另外，高校，包括有些专家，有没有对东阳竹编做过调查出过书什么的？

何福礼：出过书，山东给我出过书，在这里调查了，写了半个多月，并出版了书的。

采访者：他是学校的老师还是大学生？

何福礼：是一个学校的老师，三十几岁了。

采访者：他们几个人？

何福礼：他们来了两个人，一个男的一个女的，我说你们自由一点，我在的时候你们来采访我，晚上也可以，白天也可以，我不在你

---

① 钱高潮：1956年出生在浙江临安昌化鸡血石产地龙岗镇。高级工艺美术师、中国工艺美术大师、首批中国玉石雕刻大师、首届中国石雕艺术大师、首届中国工美行业艺术大师、国家级非物质文化遗产项目（鸡血石雕）代表性传承人、二十国集团杭州峰会国礼设计制作者。
② 张德和：浙江省象山县人，1955年出生，中国竹工艺大师、中国根艺美术大师、浙江省工艺美术大师、中国根艺美术学会理事、中国民间文艺家协会会员、浙江省根艺美术学会副主席、浙江省工艺美术行业协会学术委员会副主任、浙江省竹根雕专业委员会主任。

们到那个木雕博物馆，有一部分作品，你们去看。那边有东阳竹编的一本书，我提供他两本书，另一个《中国竹工艺》，第二次发行的，第三次都要发行了。《中国竹工艺》整个封面是我的作品，就是那个世界金奖，那个《角楼》作品。

采访者：这个调查之后，这本书后来也出版了吗？

何福礼： 都出版了。这种出版书对我们也是一种宣传。还有江西一个共产主义什么大学，他们学校也办了一个博物馆，也来收藏我的作品。他们要收藏一百个大师的作品，成功不成功不知道，从我这里收藏了一个《关爱》，价格也便宜一点，如果博物馆收藏了，等于他们出钱帮我把作品保管起来，有什么不好，应该这样去理解，用这种态度来面对现实，那就绝对想得通了。

采访者：这几年，参加的大的展览多不多？

何福礼： 那很多的，每年都有。这次纪念改革开放四十周年的展在福建举办，从全国参展作品中挑了四十个大师作品，他们给我发了入围证书。

采访者：作品也寄过去的？

何福礼： 我寄过去，他们选的，改革开放四十周年那本书要出来了，作品现在寄回来了。第二次，全国政协，他们欣赏我们的作品，《九狮图》拿去展览，他们政协去办的，我们作品寄过去，也寄过来了书。在收藏家协会，我的作品有好几件。我在倦勤斋时候的几张照片是我在讲那些竹子能够怎么用，他们基本上都刊登出来。我在故宫修了倦勤斋、符望阁和乾隆花园，怎么样修好都印在书上，有英语和其他几种文字，他们都发给其他国家。我这几年这种活动很多。这次到温州就是一个展销会，有百名大师，我们都带了作品。我现在在做鸟，带两只鸟去的，他们评价很高，说竹子竟然都能做出鸟来。

采访者：最近五六年，您有哪些作品在国际上获得大奖？包括省内，国家级的一些奖项。

何福礼： 这个每年都有的，我给你讲几个小故事。《九龙壁》是集体创作的，我是主创，编织方面是以我为主的，获得了第四届百花奖金奖。后面就是香港回归时候做的那条龙，是世界吉尼斯纪录，我想想也是顶峰了。结果我修复故宫文物后，名气大起来。实事求是讲，我不大喜欢宣传我个人的，你们非遗来采访我，我是很高兴的，有些电视台来采访我，我是回掉了。我们这个非遗传承就是最重要的事，对社会，对我们金华，对我们这个行业，是重要的事，要摆在第一位。有些宣传个人的太多了，自己脸都会红起来。我把《角楼》做出来，不仅我们全国轰动，全世界范围都轰动了，这个我想想都是有意义的。在2014年举办的世界工艺文化节木雕技艺大赛金奖，也是全国最高的奖。全国展览，东阳木雕有两个展览是全国的，义乌三个，一个东阳，那是一个"红博会"——红木博览会。

采访者：这个是什么单位组办的？

何福礼： 国家林业方面的，另外一个是中国工艺美术协会，那是属于国家的了。国家林业局总局是有一个非遗中心。

采访者：文化旅游部？

何福礼： 都有人来的，这个属于国家级的，两个工艺美术，竹编，木雕。一个红木博览会，一个工艺美术博览会，就是这样了。义乌还有三个博览会，一个义博会，一个文交会，还有一个旅游产品什么会，都是全国的，都有我们文化旅游部领导来参加的。他们有时候一年起码邀请我去三四次，国家展览会，你们文化系统展览不要摊位费的，有些摊位费要五千甚至上万，五天时间一万多，看这个费用一年下来也有点高的。你不去展览就没人宣传你，也不好的，你去展览就是扩大影响，也是好的。昨天那个广东人看过我前年在西湖美术馆举办了个人展以后，觉得我的平面立体编织这样好，就打电话来定做两幅作品，一幅木雕，我叫红兵做，一幅是竹编的平面编织，要编出山东一个什么地方，乾隆去过两次，谁去过几次，水从下面涌上来的，趵突泉什么的，两个亭子，一个灯光很好看的，叫我平面打起来。他说，他想集中一百个大师，我昨天不是问他有没有经济实力，他的家里人同意吗？他这样做经济哪里来？我都问过他。我说有些大师的作品，你五十万买两件就差不多了。

采访者：他总共五十万？

何福礼： 五十万，我说五十万绝对不够的，起码要五百万，那就有点小作品好收了，不是大作品，真的，收藏过你就知道的。你如果真的收起来，三四十万一件，你奖金就是十万，三四件好买。我昨天问得很详细，我们空话不好讲的，我下次给你做出来我说五千块钱，你说三千两千一个了，那就没意思了。我和你又不熟悉，你个人来收，只是通过几次电话，我也会接待他，有些人理都不理他了。我以礼相待。他两千块预付款给付在红兵那里，走的时候让我把作品卖给他放心好了，我现在感觉到，不去宣传自己，太保守了也不好的。北京个展我去过，杭州个展去过，他看到我的展览的反馈是经济效益带来的一个方面，他会宣传扩大业务影响，光封闭式在这里搞，也搞不出名堂来。

采访者：既要埋头苦干又要走出去宣传。

何福礼：那个肯定要的，你说一点不花钱去宣传，扩大影响，那市场越走越小，我们要有种开放思路，路子越走越宽那就好了。

采访者：您个人这么多年来很多作品，博物馆或者非遗馆，其他一些社会上的机构，政府的一些专题的馆，收藏了您东阳竹编的哪些代表作品？

何福礼：国家博物馆原来选了两个，一个我早上同你讲过的篮子，那个是我纯竹编做起来，编织编好的，那个是贴金的。

采访者：那个是《竹丝白鹤鼎》？

何福礼：没有你们省非遗馆收藏的那个好，最好的在你们那儿，国家博物馆那个是第二好的，实事求是讲。他们也有证书发给我的，以捐赠为主，也有点成本费算给我。他们里面有个食堂菜烧得很好吃，比北京饭店吃的还要好，我说这点钱拿给我们当伙食费好了。请了正、副院长和馆长来，还有办公室主任及陆光正和故宫博物院的另外几个人，共十几个，开开心心一起吃了一顿饭。他们请我们吃了顿饭。

采访者：浙江省里的博物馆有没有什么收藏？

何福礼：浙江博物馆有的，是个篮子，《八仙竹丝花篮》。

采访者：这个也是您一个经典的作品。

何福礼：这个国家博物馆也选中的，我叫陆大师拿回来，那个是杭州人买去借到北京去展览的，我说两个收去麻烦死了，我一年来白做了，给我拿过来。结果浙江博物馆的范珮玲是我的好朋友，她来讲是没办法推辞的。

采访者：是捐赠的还是？

何福礼：有奖励的，比你们省非遗中心还要多一点。我还做了一件作品，还有一个模型，这样半个篮子做好了，竹编竹丝都在那里，半个篮子做好就是体现一部分。一个篮子放在这里，一个一半放在那里，有个比较，就是这样编法的。上次我们开会，我赠送他们一件竹编《海螺》，一本《竹编编织方法》书，一块我编的普陀山和尚写的字。这个也很有意义的，证明浙江省博物馆也希望竹编越来越好。那次开得很成功的。浙江博物馆第二次给我做了广告或者是宣传了以后，第二天我和孙子、儿子及我的太太四个人去博物馆教四五十人学竹编。

采访者：这个当时是几几年？

何福礼：就是前年开个展的时候，领导宣传出来，加上电视台一放，就有爱好

《八仙竹丝花篮》

《海螺》

者礼拜天到我们这里来学，做成功的作品可以带回去。报名参加的有四十几个人，那次现场效果很好。我也组织了抽奖比赛，我问《望月楼》有几种编织方法，里面有几种竹子成分，谁猜得到，我有个小礼品，一个篮子送给他们。他们都回答正确，有白竹、毛竹、水竹和斑竹，他们讲得出。我说讲出四种以上竹子的人有奖，这样多么轰动，气氛很好，一两百人站在那里。我又出了一道题目，问我这里总共有几件作品？在这次展览，我拿去了八十几件作品，现场有个牌子，只要看一下就答得出来。最稠软的竹子是什么竹子？这样互动起来，大人小孩都很开心，我也很感动，那天刚好是礼拜天，陈浩馆长来的时候，省文化厅原副厅长陈瑶和她丈夫也来看展览，他们说办得很好，从来没有想到非遗会这样受欢迎。这样的活动，让杭州人民了解了东阳竹编，也扩大了我们东阳竹编的影响力。

采访者：那么前前后后博物馆大概收藏了多少作品？

何福礼：博物馆收藏的有十多件，北京有，杭州有。浙江有两件，还有其他省、市的博物馆，还有那个……

采访者：国外博物馆也有？

何福礼：有，很多，有伊朗、西班牙、日本，那个叫我去点圣火的叫什么国家我一下子忘记掉了，熊猫送给他们。地区有中国台湾和澳门，我去表演的时候送给当地的博物馆，有些是以捐赠为主的，有些是收点成本费。

采访者：何老师您举办了几次个人的展览？

何福礼：两次。一次在北京，一次在杭州。

采访者：那个是几几年？

何福礼：大概是 2011 年。

采访者：当时展览了多少文物作品？

何福礼：我在那边修复故宫文物，展览办在美术馆隔壁，一个个人的美术馆，就是在五四大街，离故宫很近的，那次影响也很大。那个时候部队里对我很好，他们叫我讲三句话，哪三句？我现在还想得起来。我展览的目的，我说第一使北京首都人民了解东阳竹编，第

《望月楼》

《望月楼》局部

一句话。第二句话，有这样的领导这样多的好朋友给我捧场，我表示感谢。第三句话，我们今天中午老酒要喝得高兴。那天真的是很高兴的。来参观的人很多，故宫博物院的一位副院长来了，文化部非遗司司长这个人也很好的，还有好几位将军，现在部队一般不参加这种活动。那时他说，你的作品运送由我们部队派车，兵工厂的车调到东阳来，拉去拉回都用他们的车，他们是真的对我们很好，再有邵华泽，原来他是中将，部队里很多少将也来参观。那次影响真的应该是比较好的，通过展览，提高了我们整个竹编行业的地位、影响力。陆大师还到国家博物馆去举办了展览，花了六百万块钱。

采访者：我也去北京参加了"丝路华章——陆光正从艺60年东阳木雕大展"。

何福礼：吃饭还不算，算上吃饭要一千多万了，我们这样大数目做不起来的，我弄几十万块钱是没关系的，他真的是大手笔，影响是很大，黄小明也搞过一次。

采访者：什么时候？

何福礼：他是去年上半年，也是在国家博物馆。他们都这样，是六百万的租场费，六百万是收的作品。陆大师那次应该也比较成功的，他有经济实力的，现在他做得好点了，是排头兵，东阳工艺美术战线上他是第一位的。他的人品、艺品都很好。上次非遗博物馆组建起他那个金屋银屋博物馆的时候，那天下班七点钟，天都黑了，肚子都饿了，你们杭州那帮人，讲话很啰嗦。我举手抢过话头，讲了四句话：第一，陆大师是东阳学习的榜样；第二，浙江省学习的榜样；第三，全国学习的榜样；第四，亚太学习的榜样。讲完后说了句吃饭了。那个老师还有当时省委宣传部副部长高而颐说，我们讲了半天都让何福礼总结掉了。

采访者：那么上次一个北京的展览，后来就是2016年，就是前年在西湖美术馆搞了一个个人的展览。

何福礼：我还有一次，在义乌，文博会，他们大概给我三十六个摊位，就是我这张照片，部长来，我最好的作品都拿到义乌去，三十六个摊位全部都是我的作品，那次影响力也很大。

采访者：那个是几几年？

何福礼：我现在记不大清楚了，好多年了。那个高部长表扬我，说何大师作品到底是大气。是四个角落，两只《大象》，这边两个《千禧龙》，四头门都有四件压台的作品，结果龙椅什么好的作品全部拿过去，这样的个展，整个都是我的作品，全部三十六个摊位，这次也比较有气氛。

采访者：何老师您今天介绍了很多，另外我们想聊一下东阳竹编的起源。

何福礼：东阳竹编历史比较悠久，实际上和木雕差不多，为什么这么讲？东阳原来是做龙灯、走马灯这种，宋朝的时候是春节龙灯、凉帽，还有农具家具都在做。当时木雕有依据，有记载南市塔倒掉了，它一个木头的东西，刻在那里什么朝代都有的，我们竹编没有依据。但是整个竹编历史也比较长久的，在宋朝期间就是我们东阳的那个板凳龙、龙头，都是竹子做的，包括凉帽，雨伞，比较传统的农具、家具，当时也做得比较多的。我们主要发展就是在明清时期，清末时期，是民国以后发展的比较多了，很旺的时候，我们马富进师傅就是比较出名的竹编手艺人,有点轰动的。

采访者:据你了解什么时期这个行业最兴旺?
何福礼:最兴旺的时候应该是一九六几年。

采访者:就是您当时在东阳竹编厂的时候?
何福礼:那个时候业务真的很大,当时组织班子的人比较齐心协力,凝聚力强,蒸蒸日上,当时我们竹编木雕分开需要一股勇气。一些人说"你们竹编做做是没有利润,还要亏本的样子",会计都这样讲,我们肚里很难受,我说哪里会亏,对不对?结果我们请省里李世新这帮人来组织的。他们说东阳有两朵花很好的,业务上差不多,有时候木雕高一点,有时候竹编好一点,这样两个厂那个时候总共做了七八百万产值。

采访者:那么竹编除了做日用品,其他方面还有什么用途?
何福礼:竹编的用途很宽,为什么这样说呢?现在它广泛应用到我们的农具和家具上,我们做的"十八担"是家具,桌子、柜子、书

《龙生九子》中的一件

箱。原来条件好的人家一年要叫这种竹编的篾匠做几个月了，打的新凉席、藤椅，都得做起来的。现在社会发展起来了，家庭富起来了，都用木头的家具了，要用红木了。现在做的家具，床铺，几万一张床铺都买得起的。以前，室内装修我每一年都有好几万元的收入。

采访者：室内装饰？

何福礼：原来我一年都有好些，现在都给他们木工了，买点木工桌子来，木工钉起来好了，他们有些给我们替代掉了。陆大师负责装修的一个项目——杭州楼外楼，我也参与了装潢，现在楼外楼依然保留着当初的装潢。上海国民十七厂、桐乡大酒店都是我一起去装修的。还有杭州西湖有好几家店铺，里面我们东阳竹编装修的。

采访者：用途非常广泛。

何福礼：应该说比较广的，北京有个竹博园，也是我们去装修的，再还有东阳的宾馆，装潢比较多的，有好几家也是我们竹编厂装修的。还有酒店，我今年让红兵去装修的，义乌香港大酒店我装修的，那个时候印象很好的。

采访者：东阳竹编作为出口的传统工艺品，从什么时候开始的？

何福礼：出口工艺品，是1954年。

采访者：1954年就有出口了？当时出口的有哪些作品？

何福礼：出口的有面包篮、面包盘。主要销往日本、意大利、法国、加拿大，这种吃面包多的地方，多为欧洲国家，

《竹丝白鹤鼎》

很便宜的。那种圆的、长方的、蛋形的，各种形状，都做起来，量很大，价格很便宜，出口只有七八毛钱一只。

采访者：在当时那个年代，20世纪60年代，竹编行业的代表人物有哪些？

何福礼：当时冒尖的，全国三个省最好，第一是我们浙江省，第二是福建省，第三是四川省，有竹子的这几个省多一点，大概这几个省走在前列的。为什么这样讲？对整个行业，对工艺美术越重视的地方上去的越多。那几个省是有规定的，原来福建省是弹花为主的，粗犷的，做花纹菠萝篾，菠萝一样的，这样宽的篾打起来的。我们浙江最好的是编织，平面编织、立体编织、器皿，我们浙江省比较全面。四川省是平面编织为主，主要是茶杯、茶具相关的竹编工艺品，还有平面编织的书画。每个省都不一样，但是他们都有领军人物，我们浙江就是嵊州，原来比较好的，新昌、浦江、东阳，主要是这三个地区。

采访者：当时厂里技艺水平比较好的有哪几个人？

何福礼：我们东阳好的是老一辈这一帮人，现在健在的有好几个，黄树银、卢红福，都很好的。

采访者：那包括那个马世富？

何福礼：我叔叔马世富他早已过世了，他也算好的，再还有马烈玉[①]、俞樟根，那个人做出活真的很好，现在归磐安了，原来是东阳的。东阳技术骨干比较多。

采访者：东阳竹编从当时的发展，到后面的兴旺，后来又受到市场经济冲击，经历了哪几个比较有特征的阶段？

何福礼：从1958年三个厂并起来以后，到一九六几年，有个兴旺时期，三个厂并起来有九百多人，产业很大，产品也做得多，主要给北京服务部做礼品，通过上海分公司出口。上海分公司是代理，做了几十年，杭州分公司才从上海分出来。1962年至1963年就是低潮。

---

① 马烈玉：千祥西阳村人，自小拜竹编艺人马积善为师，马积善与马富进是师兄弟。

采访者： 又有低谷了。

何福礼： 是的，原来我们竹编有七八十个人，下放了有二三十个人。

采访者： 当时为什么受到这个冲击？

何福礼： 可能是市场不稳定。

采访者： 还有当时自然灾害是不是？

何福礼： 一九六〇年左右，国家遇到了"三年自然灾害"，你如果卖不出去作品的话，贷款就没有现在这么容易。小型企业现在要贷几万很简单，那个时候你经济搞不上去，就会被淘汰，那个时期是国家计划经济时期。一九六几年到一九八几年的经济最好了，那个时候又兴旺了，竹编厂分开，慢慢业务扩大，从七十几个人增加到二百七八十个人，加工点建立起来，生意也做得很大。到1980年，又是一个低潮，1989年我们就出来了。

采访者： 那个时候改制了吗？

何福礼： 还没有改制，当时骨干出去也有留在外面的，骨干不在了。一个单位独角戏唱不好的，一个周尧柱，一个包换友[①]，一个吴小盛，他们都调到二轻局当党委书记、二轻局副局长，二轻局一个副书记也是从我们厂里调出去的，好多人出去了。1989年，我也出来了，还有一个副厂长也调走了，只留下一个厂长、一个副厂长，当时骨干力量走掉的太多了，对企业真的没有好处，这又是一个低潮。整个行业是不低的，厂里低，我这里高起来，他们完成三百多万，我也完成三百多万，那加起来也还有七八百万。

采访者： 企业有几十个人？

何福礼： 他企业是两百多人了，我这里只有几十个人。我们私人经营，费用少，成本能够换的回来。陆光正那里要卖《九龙壁》，他们报价九十八万，我报价七十八万就够了。就算七十八万，起码我有二十万好赚，且我们质量肯定比他们的好，竹编厂九十八万订去，可能还要亏钱。厂长、总经理是我兼的，我还要劳动，这个成本是很

---

① 包换友：时任东阳县二轻局党委书记。

省的，他们二十几个人在管理，办公室坐坐，这个科那个科，弄不灵清的。

陆光正叫我们把《九龙壁》放在木雕博物馆里，陆光正原来放在竹编厂里，欠银行钱，给银行封掉了，抵账抵掉了。二轻局这些人很有本事的，去拉回来，放到陆光正他们木雕厂的博物馆里，那谁敢来拿，不敢来拿了。陆光正后来也同意我做，又没有定下来，定下来我当时也赚点小钱。我这个人，做起活来，陆光正也很相信我，肯定弄好，不会出问题。后来我们的方志荣书记去报的，原来我们是一起的，他是工会主席，但他不太懂业务，他部队里去过，原来做木工的，竹编行业不太懂的。我说我给你们省下来了十多万费用，他们要十九万费用，我说我做的话，四万成本就够了，能省十五万下来。

采访者：东阳竹编种类很多，主要分哪几种？

何福礼： 竹编分种类的话，分好几大类。我想有人物、动物、盘类、花器一类。我们有家具一类，桌子、凳子、柜子我们都做，日常用品有热水瓶还有其他。大类应该十个大类。分得细一点就很多了，文具品，茶叶用具，茶道类，现在茶道类比较好的，销路比较好的，还有包类，小包、大包一类比较多的。大的品种大概十类，再细化的品种很多了。分家的时候，我的作品全部分给大儿子，给他两千多品种，大的小的。红兵做过袜子，袜子机器全部给他，还有给日本人代加工的样品也给了他，让他保存好，以后可以参考。有些人模仿能力很强，他模仿做一个包，我们三千多，他做起来一千多就够了，一个是偷工减料，我们是全层的，一层表皮，他做的是三层四层。有时候他生意还更好一些。市场上有竞争，有些是良性的，有些是恶性的，所以保护我们自己的商业秘密是必要的。我现在就是防蛀防霉的土办法不告诉人家，这个是一个机密。我这里有两三个方面的机密，但是我不去申请专利，反正我不同人家讲，他们搞不来。我处理的藤，藤的表皮一般都拴不起来的，这个是颜色的问题，配方的问题，我同日本人研究出来的，随便什么藤表皮不刮，竹子表皮不刮我染得很好，上色都可以上色。

采访者：本来有一层保护膜，颜色上不牢？

何福礼： 对，上不牢的。我这点人家都做不起来，全国的藤就只有我上得起来，这个专利我不去申请，我自己不讲人家又不知道。

拴篾也都是我自己去拴的，上那个竹那个篾，要么我去，要么我太太去，要么我儿子去。别的人他们不知道，如果知道了他们会传出去。

采访者：请您介绍一下立体竹编与平面竹编是怎样的编织技法？

何福礼：立体编织它的里面有个胎模，像现在做那个弥勒佛一样的。这个弥勒佛它是弯曲很多，弯曲很多难度就大，先要把泥塑做好，造型要端正，造型不端正，你篾丝劈得再好，编起来都不好看的。特别是脸部一定要塑好，还有这个动态，衣服的衣褶都要编出来，那就难度大点。平面编织容易点，平面的就是看一个平面，立体编织我们四面八方都要看的，编织经篾纬篾，粗细厚薄都要均匀，它要求比较严格。这里经篾太稀那就不好看，太密那编不进去，容易断，经篾你要弯得太弯它也容易断裂，这个都有讲究的。我的作品是做得好一点，我不是很倒角的，粗细厚薄要均匀，很服帖，那就好了。达到这个程度应该说很好了。当时马世富态度有点同我一样的，讲话也比较直爽。我第一次打那个平面编织，当时平面编织比较多，女同志的手比我们男同志要灵巧一点，我们那个手指头很木的，第一次打我打不过女同志，我有点自尊心

《母爱》

（受伤），责怪自己为什么打不快。上面就画在那里，有个梅花一样的，它是黑白，有彩色，也是一批是红的一批是白的，或者一批是黑的一批是白的，只有这两批。我师父教我三句话，下面黑上面也黑，下面白上面也白，不要压下去。他画在那里很完整的，他说你要走下面，那就好了。你要扩大点，梅花，你要打得大一点，打得小一点，不要这样弯来弯去，这个梅花它不好看了。你要均匀，你要透也透得均匀，五瓣要画匀，梅花叶你像这里出去这个弯过来，那就不好看了，这五瓣肯定要画好。他说那就好打了，你去打，这只手要送得快，这只手要撤得快，不要摸来摸去，他送也送得快，撤也撤得快，那就快起来了。我叔叔真的很严格的。有一次，冬天很冷的，我偷偷地拿热水去了，戴着帽子，帽檐都冻起来了，1958年，我只有十五岁，刚刚来不懂，我想想这么冷，拿来热水瓶，面粉里弄点热水，给他看到了。他说你有没有毛病的，我说没有毛病的，热水都好倒的，他说一定要冷水，热水磨刀那个钢要退掉。也有道理的，对吧？现在我教学徒也这样的。

采访者：就是要用冷水？

何福礼：嗯，冷水，天气冷，有点温水是没关系的，不要太烫，就是这个道理，我们现在讲话要温和一点，稍微放点没关系的。我那个叔叔是说，"你有没有毛病"，我说，"没有毛病的"，这样讲的，实际上他这句是赌气的样子，有问题。那时候我性子比较急的，那个盘的底，一根篾丝都这样旋起来的，有些篾丝结疤断掉了一下就破掉了，三四次都弄不成功，我就摔掉不要，那叔叔进来说，"这材料是我劈的，你是什么态度，你做不好还要摔下去"，真的很严格。

采访者：严师出高徒。

何福礼：现在对我们的材料，我也这样，劈篾的人也比较辛苦，一根一根篾丝拿出来。现在我的教育方法同他不一样的，我说劈篾的工人很辛苦的，你们好用的要尽量用进去，真的不好用，有粗细不匀的，要摔掉它，一般的不要散在地上，脚踩过的有泥土弄上去，那个编起来不好看的，我是这样讲的。

采访者：东阳竹编这个花式品种，包括编的题材，这几十年来的发展过程中有哪些变化？

何福礼： 变化很大嘞，变化过程我想分几个阶段。第一个阶段，1958年到六几年，我们都是以做盘、篮、罐为主的，都是面包篮、插花的花瓶，比较粗糙的产品，真的不是很精细。是六几年，做了几年之后，我这个人创新性是比较强的，我就做那些鸡啊、狗啊，我们要向做人物、动物发展，那慢慢销路就打开得多了。到七几年，做动物成为高潮，原来我们都是做粗糙的产品，我现在放在上面那些都是比较粗糙的产品，都是六几年以前做的。以后就慢慢从动物发展到人物，现在随便什么器皿，也不是一下子登天的。我自己也想不到，现在竹编能够做到这种程度，我们的技术一天天进步起来，原来都是比较粗糙的，现在人物也做得起来，比较漂亮，动物更加漂亮，随便什么棱角都做得起来。我想这个不是靠一天两天能提高的，靠几十年的积累，一步步提高的，要分几个阶段。

采访者： 何老师，东阳竹编使用的材料，就是竹子，它要有哪些特殊的要求？这个竹子材料有很多讲究？

何福礼： 根据师傅传给我的老祖宗传下来的习惯结合自身经验的，砍竹子要在冬季。毛竹在三年到五年最好，我们人一样的，三十岁到六十岁那段年纪是最好的，如果太老了没有稠软性，就会脆，太嫩了好比两年的毛竹它要变形，劈出来它马上弯起来了，那是不好了。水竹两到三年，这个最好了。第二个，竹子结疤要平整，他们讲的丝线要拴在那里，结疤很平整，那劈细的篾丝就劈得出来，你如果很粗糙的，做我们竹编细的篾丝，做高档的作品，这个是不好用的。我们常用的竹子，只有十几种，实际上竹子种类有三百多种。

采访者： 那我们这里用到的主要是哪几种？
何福礼： 主要是毛竹、水竹、黑竹。

采访者： 黑竹是什么竹？
何福礼： 全部黑的。

采访者： 我们当地也有？
何福礼： 有，我这里都有，斑竹，还有我们竹的叫法，凤尾竹，这个取名，有些是老祖宗取在那里的，金竹也有的，龙竹也有的，是吧。

采访者：它是怎么来区分的？

何福礼： 它区分就是，龙竹，全国只有云南那里最大，都好做的，是很大，它那个龙竹的环（竹青加竹簧部分）比较薄，它的稠软性是好的，但是容易蛀，容易霉，它水分很多，南方的竹子长得很快，它的材质都很蓬松的，密度不强。在我们浙江，最好的毛竹产地，都不是很高的山，都在那个山坡下面。我们到安吉那边去，都不是很高的山，山上也不好的，好的在山中间一个坡上，有黄土，土质比较好的地方，还有取材要在阴暗面，南面山和北面山又是不一样的。

采访者：那一般使用南面？

何福礼： 南面的山，太阳照到多的地方，它像是大海航行靠舵手一样的，万物生长靠太阳，没有太阳，生长力不强，有太阳照到的地方，那个竹子土质好，就很稠软。这个竹子你要看竹丫，开得越高越好，你这么矮就开丫，那个竹子是不好的，丫要三公尺（米）以上，四公尺（米）左右再开，那个头要弯下来，姑娘一样，那就很好了。那种竹子生长得很好看，这个结疤是很细的，要完整的，我们去挑竹子和挑钢筋一样的，跟头粗一点，上面慢慢细一点，那这竹子是很好的。

采访者：那么砍竹子现在要不要自己去选？

何福礼： 我们自己去选的，自己选的竹子百分之一百好用的。竹子也分好几种，一个结疤长，一个结疤短，那个叫疯竹，这个竹子有毛病。结疤短的地方是劈不出来的，要锯掉它，不要了。如果在中间的，一根长的一根短的，那个水干过，也不行的，出笋的时候，水干，没有水，当时很好的，几天干掉了，它的那个结疤就短起来了，那种竹子我们要叫疯竹。再一个是打鸟了，是沙子穿过，那个竹子也不好的。有水灌在里面了，那节也不好用的。再有虫蛀的，也不好用的。我们自己去选是百分之一百好用的，一眼看出哪根竹子生得好。

采访者：你们有没有固定的采竹地点？

何福礼： 有的，自己到那里头去选，到大队里讲好，我们今年要多少竹子，你们供应我们，人家要签个合同，要付点预付款，现在归老年协会管的，与老年协会签个合同。

东阳竹资源丰富，为竹编提供了丰富的原料

采访者：那你们是在东阳哪个地方采？

何福礼： 东阳就是北乡，巍山下来那个河边，溪边很多水竹，毛竹要到山上去伐，现在都是毛竹很多了，每家每户都养起来，比柴要好。这山里杉树是好的。有些种不起杉树的地方，发展毛竹很好的，毛竹有点经济价值，而且笋也好吃，对不对？要卖出去有点价值。

采访者：你们东阳竹编主要使用哪些工具？

何福礼： 篾刀和锯都是少不掉的工具。第一个就是锯，根头不要，尖部不要，中间那段最好。然后是刀，后续还要刮青，劈开，都是拿把大刀，再一个刮刀，一个间门，一个刨。我们那个刨，就是刨甘蔗一样的那种刨，我们叫圆管刨，就是压钻，有楔子就是做钻洞的，现在用手枪钻方便多了。再么一把剪刀，两个篾添，篾添要补过，要去引导过来了，你不引导不能过来。这个篾尺，一个尺子，一头尖的，打那个篾，工具就要用铁锤。还有雕花的刀，雕花刀也要几把的，敲敲毛竹销。原来我们竹编都要毛竹销销在里面的。现在有时候人懒，就是铁钉、铜钉销销就够了，竹子销子它不会烂掉的，这个铜钉时间长了要上锈，铁钉更会上锈。我一般，做好的作品我都是用自己的毛竹销，这种多少孔算多大，这样啪啪敲进去，敲进去它是方的，稍微蘸点胶水，很牢固的，掉不出来。现在我们竹编也会用到一个机器，安吉产的，和木工机差不多的，叫打篾机。为什么有个打篾机？打篾机就是代替刨的，我劈在那里是四个厘米，它那个机器，两边一压，厚薄三厘米，很平整的。你十个人刨，压到三个厘米，两个半厘米，一下子压不好的。那个机器，我们竹编行业做圆的、做方的、弄圈口都用到的，我们竹编就是这个机器好。竹编还有一个机器，是摇篾机，两层篾，用簧篾，簧篾结疤平一点，你摇出来。机器很快的也不好的，它要断的，滚动是要剥过皮的，里面稍微有点松动，结疤大的时候它会上去一点点，这样能够过去。一般都要这样劈，两层篾都要放在牙齿里，老头子没有牙齿就是咬不来，现在一个摇篾机两层篾是好摇的。

采访者：机器跟以前手工做的，效果和质量有没有区别？

何福礼：那这个快得多。

采访者：质量没有影响？

何福礼：现在我们工具也在改革，锯铁的那种很大的锯，拿来给我们改成刮刀，锋钢比较厉害。原来那个刮刀，它是加上一层钢铁，这种样式的，现在年轻的打铁老师不愿意做了，我们就磨刀片自己做刀，那就很快。白钢买来，这样长的锯铁够了，锯成两段我们就够了。工具的改革提高了我们的效率。原来我们倒角竹丝，一边是倒角了，倒角那边需要我们激光去打，很细的孔都打得出来，很细的一条条细道，我们再把刀磨一下，那很细的篾丝就能倒角。这种都是工具改进，也使竹编前进了一步。这次我到贵州去，他们的工具是直的刀，我们是从尖部劈到根部，他是从根部劈到尖部，反过来做了，我们是这只手顺手，右手，他是反过来了，劈篾左手劈的，他这样功效不高。我这次是去技术扶贫，我说工具要改革，这是最需要的，工具不好，生产力就上不去，你们就只有做粗活。我们那次去伊朗也这样的，伊朗工具也不好的，我带去的工具全部送给他们。

采访者：一件竹编作品，从开始到编织完成，大概经过几道工序？

何福礼：这个要根据作品的大小和作品的档次。一只篮子的话，比如《八仙竹丝花篮》的工序就多了。第一就是先取材，根部不要，尖部不要，最好不要有弯曲的材料，取料是第一道工序。料取好，进行第二道工序。雕花师傅要雕出留青雕来，八仙要雕出来，这个是第二道工序。第三道工序就是我要叫他们把篾丝劈出来，劈出来再刮好，抽好，倒角好，这些都是一道道工序。材料取好接下来再就是编织。首先要有个模型，木头的模型做好，大小、圈口是要拿毛竹来做了。毛竹拿来做就是要把八角凹起来，这种都是操作，做圈口的一种。把全部圈口、提手也做好，叫雕工雕过，就拿来装配。装配也是关键，平直四正整合。那个人要是整合不好，那边高这边低也不好，就要靠平整。随便什么作品，随便哪个行业，你要看到粗细均匀，平直四正，平整程度一定要的，这个是基本功在里面，是基本动作。你整合起来，八块拼起来装潢好，在里面还有细的编织片，有花席，有囍字，有福字，有些篮子我名字都打上去的，我的名字，这样再装配起来。整合关键的地方是它有圈口，有止口，由圆的变到八角形的，要经过几道编织方法，雕工雕好，一个篮子才全部完工，起码要十几道工序。

采访者：刚才您介绍了这么多竹编制作的工序，竹编的具体编织方法有哪些？基本的方法，包括您自己创造的方法有哪些？

何福礼：我们通俗的编织方法，一般一个篮子有十几种好用的。基本的方法就是挑一压一、挑一压二、挑一压三。平面编织，挑四压一，还有就是压四根，挑一根也可以。一般做一个比较好的产品，编织方法层次比较多，大概十五种到二十种差不多了，一般都是传统的，基本的原理，挑一压一离不开的，都需要，编织人物也是挑一压一，动物也是挑一压一，这个是最基本的方法。

采访者：现在您已经发展了几百种了？

何福礼：对，几百种了，编织方法用在那里，我们要先在图纸上画出来，根据作品来判断它的编织方法。现在用乱编法，摸去很光，也不会刺手。我做童车，边上我会用热水给它定型，否则，它弯出来什么的，小孩的屁股很嫩的，万一刺到了，受伤害就不好了。

采访者：我们现在讲非物质文化遗产保护，一方面要继承，还有一个要创新发展，您觉得这个传承和发展是怎么样一个关系？

何福礼：这个关系是连带性的，你保护起来的目的就是发展，如果不创新，就是没有发展。你先把老祖宗留下来的东西记到脑子里，同时也要再动点脑筋，他哪些是好的，哪些是不够好的，把老祖宗留下来的好传统和我们的创新做法结合起来才能使竹编得到更好的传承。

采访者：现在非遗保护遇到的问题，很多的作品跟我们的生活关系不大或者仅仅是一种观赏品、艺术品，那么竹编怎么样把实用性和观赏性两种功能结合起来，既有实用价值，同时又有收藏价值？

何福礼：我想这个要从几个方面来讲，一个要适应市场，第二个我们要把塑料制品夺去的市场夺回来，我现在做的东西就不一样，现在没有批量生产，少量的销售，蒸锅笠，竹编编起来也很好的，我都送给朋友试用。原来的蒸锅笠，蒸笼什么，都是竹编的，现在都是铝制品那种，都是不锈钢的，那个便宜。但是我们要做出讨巧的东西，把市场争回来，这个也要动一番脑筋，要做出价廉物美的东西，能够把市场稳住，吸引我们老百姓，家家户户能用，我们的市场就大起来了。

第四章　周边采访

一、故宫专家曹静楼访谈
访谈时间：2019 年 4 月 27 日
访谈地点：浙江省金华市东阳市
受访人：曹静楼
采访者：孟晖

采访者：曹老师，请您先简单介绍一下当年故宫修缮倦勤斋的这个项目，还有当时面对的困难。

曹静楼：故宫倦勤斋是乾隆三十几年修缮的，故宫博物院作为当时清朝的皇宫，是乾隆退位以后他休闲的一个地方。当时倦勤斋整体来讲，保存得比较完好，里面的装修在全国是第一流的，材料也是最珍贵的，设计也是最好的，所以它在皇宫里面论装饰来讲，影响是非常大的。当时这个项目呢，由美国特殊建筑保护基金会捐款进行修缮的。这个项目的内部修缮由我来主管，但是里面有很多的文物工艺非常复杂，对修缮人员的工艺水平有非常高的要求，所以当时在修缮过程当中，我们要在全国选拔人才来进行修复。特别是在倦勤斋里面，它的门扇、窗扇，一些建筑当中有非常复杂的装修工艺，它的门扇、窗扇材料都是用紫檀来做的，它里面的一些陈设，也是多种材料多种工艺相结合的。特别是在窗扇和一些家具的修缮过程当中需要用到一种叫竹丝镶嵌的工艺。当时这种工艺呢，在全国来讲几乎失传了，所以我们到全国各地去寻找这样的工匠。当时我们通过文献记载，了解到浙江地区还有从事竹丝竹编等工艺的一些匠人，所以就到浙江去考察，还去了四川和湖南去考察竹编工艺和竹丝工艺。最后我们考察到

故宫专家曹静楼（左二）在倦勤斋竹编修复现场指导

浙江，通过浙江的刘局介绍到了东阳。当时在浙江我们同时选了几家，在台州也选了，还有竹簧工艺，竹丝工艺。为什么我们选到东阳？因为东阳这个地方，文化底蕴比较深，有很多工匠在古代就曾经参加过故宫的建设。我提到这个工艺以后，刘局介绍有一位叫何福礼的大师，说他原来是竹编厂的一个副厂长，而且技术非常全面。我就到何大师的工作室来考察。考察以后呢，发现他确实是搞竹编的，但是竹丝镶嵌和竹簧他们不做了，我跟他提起这个工艺，他倒是比较熟悉的。后来我第一次来考察就出了一个关于竹丝镶嵌的题目，我给他画一个图案，这个图案由他用竹丝来进行镶嵌，看他的基本工艺怎么样。但是呢，他还没有了解故宫倦勤斋到底是什么样子，他没有看到过。我给他描述了以后，给他画了一张图，我出了一个课题，让他来完成这个课题，这是第一次来考察，我就这样认识了何福礼大师。过了一个来月，我又第二次来，就把一些专家，我们故宫的专家和美国基金会的专家，以及我们领导都带到东阳来。东阳政府也非常重视，来了负责接待我们的一批人，我们又一起考察了何福礼的工作室和他的竹编工艺及其他的一些和竹子有关的工艺。结果所有专家对何福礼的工作都比较满意，但是最后还没有确定，为什么呢？因为他没有见到古代乾隆时期倦勤斋竹丝镶嵌工艺到底是什么样子。后来我们就邀请何福礼到故宫来考察，看了倦勤斋，倦勤斋一楼的栏板，二楼的栏板，它的窗扇结构，以及当时乾隆放在那个地区的一些家具的状况。

这些家具都是不同颜色的，基本是用两个颜色的竹丝粘贴而成的一些图案。他了解了情况以后，我们就正式把这个竹丝镶嵌工艺课题交给他来做，但是也没有最后决定叫他做或者不做。最后他完成这个工艺以后，拿回来，还拿了一张图纸，到他东阳的工作室来做，做完了以后我们第三次来考察他的工作，一看他的工艺完善得非常好，我们非常满意，就一致同意了他到故宫来修复，我们就和他签订了合同。他来了以后也遇到了很多困难，为什么？因为那个竹丝大概有0.8毫米，还有更细的，它有两个颜色，一个非常浅的，已经陈旧了一些黄色，还有接近于咖啡色的，它是相间的，那个工艺非常漂亮。之后他的工作人员带着他们在东阳地区准备好的一些材料到故宫来进行工作。工作一开始，虽然他对工艺比较熟悉，但是他对于故宫的制度，文物修复制度和文物修复的理念要转变。你要做旧的，要恢复乾隆时期本来的那个样子，要修的和文物是一致的。我给他讲这个观念怎么转，后来他转不过来，我说你修的不是竹丝，当然它是竹丝，但是你不能那么想它，它是文物，你必须有这种文物的意识和文物修复的概念。后来他修得比较慢，因为它的面积比较大，都脱落了，而且完全按照传统的工艺来进行修复，因为传统工艺它是用自然的鱼鳔胶[①]粘上去的。当然了，你想想那个竹丝在0.6~0.8毫米，很细的竹丝，还有很多图案的，他要一根一根粘就很慢了。后来我给他介绍了，我说，因为故宫的工作情况和外面的工作情况不一样，因为它是保护单位，它的工作时间是按照故宫上班的时间规定，是不能够加班的。由于他是在现场修，现场因为建筑上整个都是文物，所以需要他在没来到我们这个现场之前，要在他的地方先准备着工艺。后来我就把那工艺的尺寸给他量好了，给他画上图，我说你把它粘在纸上，一排一排的，粘在纸上，把纸拿来以后，到现场实践再用刀进行切割，这样就快了，一粘就是一排呀，原来他是一根一根粘的。好比八根一排，还有六根一排的，还有十根一排的，他一排一排都粘好了，那个竹丝也染好了，炭化了已经，这样就提高效率了。经过了一段修复以后，我们对他修复的对象进行了验收，结果我们故宫的领导及美国基金会的一些专家，一致认为何大师从工艺上来讲，从修复技术上来讲，都达到了乾隆时候那个标准。修复东西和原来的东西完全一样，有的地方

[①] 鱼鳔胶：俗称黄鱼胶，是黄色的鳔通过加工处理后制得的胶料。主要成分是生胶质。黏度很高，胶凝强度超过一般动物胶，对木器的黏合作用特别好。优点是凝冻浓度低 (0.5%~0.6%)，缺点是冻点低 (15~16℃)。

根本看不出来。何大师工艺完成得非常好，也得到了有关方面的专家和美国专家的肯定，所以何大师一举成名，他在东阳，甚至在全国，在竹丝镶嵌工艺方面来讲，影响比较大了。而且这个工艺在社会上所有的这些建筑上也好，家具上也好，只有他一个人能掌握这个工艺。我们对何大师也非常感谢，何大师对保护故宫的建筑做了非常大的贡献，做了非常有益的工作。当时在修倦勤斋的时候，何大师还是省级大师，后来他一举就成了国家级大师，也成了国家级的非遗传承人。

采访者：何老师在故宫修缮文物工作圆满完成以后，对咱们以后故宫文物修缮工作有没有带来一些参考？

曹静楼： 我们倦勤斋的修复和美国建筑保护基金会合作，也是一个新的起点，而且倦勤斋的修复变成了我们故宫，特别是内装修古建筑修复的一个标杆，以后在进行这种修复的工作当中就应该保证、保持这种修复的水平和修复的工艺过程，以及修复的一些其他的理论上的记录。何大师在修复的时候我们都有了录像，有了文字的记录，就因为他是完全按照文物修复这个概念去进行修复的，不是说一般的外面的家具的修复工作，我们必须要留有完整的档案记载，不论过了多少年，后人都能通过这些档案记载，知道是谁来进行修复的，用的是什么材料，采用什么工艺修复的。因此使故宫的修复工作提升了一个台阶，也做了一个标尺，所以我们说何福礼大师对建筑和家具的修复贡献是非常大的。

二、何福礼大儿子何红亮访谈

访谈时间： 2019年4月26日
访谈地点： 浙江省金华市东阳市东风竹编厂
受访人： 何红亮
采访者： 孟晖

采访者：何红亮老师，您印象中在您小时候父亲是一个怎样的形象？

何红亮： 我父亲是很严厉的，对技术要求非常高。

采访者：生活中可能更多一些？

何红亮： 我爸就希望我竹编越做越好。

采访者：**他其实对您还是有一个很高的期望。**

何红亮：对。

采访者：**小时候他对您有这方面的要求和希望吗？**

何红亮：我进工厂以后就不一样了。

采访者：**跟进工厂之前有什么区别？**

何红亮：进工厂之前，他要对我放松一点，进了竹编行业以后就要求更高了。

浙江省工艺美术大师、金华市级非遗代表性传承人何红亮

采访者：**都有哪些要求？**

何红亮：要自己动手做，他说我们学这个手艺必须会自己做，还要不断地创新，才有市场。

采访者：**那他当时在基本功方面对您要求严不严？**

何红亮：很严格。基本功的话有时候一个做不好，叫你重做，做一遍不够做五遍也要叫我做。

采访者：**如果做不好他会骂您吗？**

何红亮：会骂，有时候，他说教了多少遍还不会，还做得不好，这个编法运用得不好，都会骂，有时候很生气的，有时候质量做不好，他要把做好的竹编工艺品踩掉，扔掉，叫你重做。

采访者：**当时是一个什么情景，请您描述一下。**

何红亮：描述起来是很严厉的，不过到中午吃饭的时候，又谈得很好。

采访者：在没有踏入竹编行业的时候，您是怎么看竹编工艺的？

何红亮：竹编的话，我们小的时候，竹编就是简单的东西，篮子、盘子实用器比较多。因为我爸是搞创新嘛，我看到他跟我妈一起做的这些好的、大的作品，都是在国际上拿金奖的东西，做得蛮好的。

采访者：那时候母亲在家庭或者是在工作中扮演一个什么样的角色？

何红亮：她是一个很慈祥的母亲，会关心我们的生活和工作，都很到位的。有时候我爸很严厉地批评我后，她会跟我讲要理解爸爸，爸爸都是为了我好。

采访者：母亲的竹编工艺跟父亲相比，他们两个是不同的类型吗？

何红亮：因为我爸是全能的，各方面的技术都会编，创新都很好的，我妈是主攻编织这一类的，她编织的东西特别好，像《九龙壁》中一条龙是她编的，还有《望月楼》最难的地方，也是我妈编的。

采访者：您当时刚踏入社会的时候，是在经贸系统工作，您为什么放弃大家看起来还不错的经贸系统的工作，然后选择回来跟父亲一块做竹编呢？

何红亮：当时我在经贸系统工作，因为我爸爸刚出来办企业，生意越来越大了，人手也不够，我就下决心出来一起做这个企业了。

采访者：那时候您还没有正式接触过竹编的手艺？
何红亮：没有正式接触过竹编。

采访者：也就是说从经贸系统辞职以后，来到竹编厂以后才开始正式接触。
何红亮：对。

采访者：刚刚进厂做学徒的时候，父亲对您有什么要求？
何红亮：刚刚进工厂的时候事情很多，人手也不够，我们各方面都要学会，不管是油漆、创新、送样品、教学，要求我们一个人具备多方面的能力。

采访者：当时您辞职来到竹编厂，是父亲劝您的，还是您主动要求回来的？

何红亮：爸爸跟我谈了。

采访者：他怎么谈的？

何红亮：他说他人手不够，让我出来，我一下子就答应了。

采访者：为什么当时这么痛快就答应了？

何红亮：因为是自己家的企业嘛，爸爸需要我们的时候，一定要答应的。

采访者：你们三代人都从事竹编工艺，除了您的儿子正在学习以外，你们两代人都取得了比较高的成就，是因为你们家有一些家风家训延续下来吗？

何红亮：是，和家风家训有关系的。

采访者：家风家训是什么？

何红亮：因为我爸是一个实在人，我也是一个实在人，都是做手艺的人，不是会吹牛的，要实实在在做出来，让世人看到我们好的作品，才是真的。

采访者：请讲一下当时跟父亲第一次去修故宫文物前后的事，先说他是通过什么事知道故宫文物需要修缮的？

何红亮：故宫在报纸上刊登了寻找能修缮故宫文物的人，去修的话技术难度也比较高的，我爸中标了。

采访者：他看到报纸上有登资讯，当时跟你们商量过吗？当时是什么状况？

何红亮：金华日报社记者杜羽丰老师，看到这个新闻以后，来找我爸爸，让我爸爸去应聘。

采访者：当时父亲是不是特别在乎这件事？

何红亮：对。这个事情也是很光荣的，故宫三百年以前有东阳人参与建造，三百年后我们东阳人去修，是很光荣的事情，也是神圣的使命。

采访者：中标以后他前期是怎么准备的？

何红亮：中标以后，我们开了一次会议，我们工厂里面要选技术好的几个人，跟他们讲修复难度，讲这个活一定要干好。

采访者：当时选人的标准是什么？

何红亮：标准很多了，做人第一个要诚实，手艺要好，各方面都要考虑进去。

采访者：您和父亲第一次踏进故宫博物院的大门，有一种什么样的感触？

何红亮：踏进故宫第一步我觉得很自豪，我们可以进入艺术的殿堂，是很光荣的事情，我下定决心要把这个事情干好。

采访者：真正开始修缮文物的时候，是不是也遇到了很多的困难？

何红亮：困难是有的，关键是在翻簧这一块，难度大一点，它有凹凸不平的地方要处理，还要做旧，是难度最高的，竹丝镶嵌的话还过得去。

采访者：当时你们是怎么攻克这个难关的？

何红亮：通过我们在厂里很多遍的试验，才掌握了软化的工艺技术。

采访者：当时父亲是一个什么样的状态？

何红亮：攻克难关之后很高兴。

采访者：攻克之前是什么状态？

何红亮：很焦虑，他还很急，通过反反复复试验才能做好。

采访者：你们一起在故宫修缮文物的时候，令您印象最深的事

是什么，或者说您觉得父亲在工作和生活中最大的改变是什么？

何红亮：生活中的改变是他把烟戒掉了，抽了四五十年的烟都戒掉了，也不容易，这是最大的改变。工作上最大的改变就是学到了故宫好的技术，就像我们去大学里进修一样，本来是大学生的，现在像读过研究生。看到好的东西对自己有很大的帮助，对以后创新有很大帮助。

采访者：说得特别好，前后去故宫修了八次，博士都毕业了。您认为竹编手艺该怎么样传承下去？

何红亮：现在传承还是父子传承最好。

采访者：为什么？

何红亮：因为父子传承会全身心地投入培养，其他人来传承的话，学一学马上又改行了，还是传统的父子传承好。

采访者：这可以解释为什么您儿子何凯舒大学毕业以后去德国留学，然后回来从事竹编这个行业。您是怎么看待他这个选择的？

何红亮：我儿子从德国回来一段时间以后，我们跟他商量，他同意回来传承爷爷的手艺，我听了很高兴，爷爷奶奶也特别高兴。这是他自己的选择，我爸老酒也多喝几杯了。

采访者：那您现在对儿子有什么期

何红亮和他的儿子何凯舒

望吗？

何红亮：我希望他努力学好，把我们近百年的企业，一代一代传下去。

采访者：您8月份就要当爷爷了，您对再往下传承一辈有什么期望？

何红亮：我希望他们代代相传，这些家风家训也要传下去，技术要求和产品的开发，都要传承下去，我相信凯舒一定会传承下去的。

三、何福礼小儿子何红兵访谈

访谈时间：2019年4月26日
访谈地点：浙江省金华市东阳市东风竹编厂
受访人：何红兵
采访者：孟晖

何福礼小儿子何红兵接受访谈

采访者：您当年是师从于木雕大师姚正华先生的，但是为什么您出生于竹编世家，却选择木雕作为您的一个主修专业呢？

何红兵：是这样的，我在高中毕业以后，就直接进入我们东阳市的工艺美术公司，拜师傅姚正华为师。我师傅姚正华也是从木雕厂出来的，也是经历了木雕厂、竹编厂，再到工艺美术公司。所以可以说他也是竹木双修的，我们那个公司木雕也有，竹编也有，这样的话呢，我就两个都会。

采访者：那您父亲何福礼老师对您的木雕和竹编的艺术起到哪些启蒙作用？

何红兵： 我从小就在我们的木雕厂、竹编厂长大，耳濡目染，从小就很喜欢这些东西。我小学一直到初中高中都喜欢画画，在上高中的时候，可以说我的绘画是全校第一名的。高中一毕业，我就从事我特别喜欢的设计方面工作。

采访者：后来是什么原因让您加入了父亲的竹编厂？

何红兵： 我父亲以前在东阳竹编厂里当技术厂长，后来他就下海自己创办了我们现在的东风竹编厂，那一年我刚刚在工艺美术公司参加工作，然后我自己又在公司里从事设计创新工作。我在业余时间帮父亲一起创作，一起创新。

采访者：您觉得木雕工艺和竹编工艺有哪些不同的地方和哪些相通的地方？

何红兵： 竹编跟木雕的很大不同就是，竹编要劈成竹丝，劈丝的工艺跟编织的工艺是跟木雕完全不一样的。但是这两个的相通之处，就是都要做一个造型，造型的能力是两个都需要的。我刚好经过美院的培训学习，对造型也比较精通一点，这样的话对两个方面的创作都有好处的。

采访者：竹编和木雕其实好像一个做加法，一个做减法。有这么一说吗？

何红兵： 应该可以这样说，这个木雕基本上是减法，因为它是在一整块的原木上，把不需要的东西去掉。竹编就是我们把它堆起来，从无到有，把它编织起来，这是两个不同的概念，但是最终陈列的效果是差不多的，我们都表现一种造型，编织的肌理和木雕的纹理还是有相通之处的。

采访者：父亲是怎么看待您竹编和木雕两条腿走路，而不是专攻一个专业？

何红兵： 其实很早的竹编当中，也有木雕的一些小配件，也是需要一点木雕基础，无非就是我现在可以把两个方面都发挥到极致，这反而让我父亲很欣慰。我可以在从事竹编的过程中，又从事雕刻。我父亲后来创作的很多作品，像《望月楼》，像《竹丝白鹤鼎》，还有其他的都有很多木雕与竹编结合的作品，并且我们可以把这两者有机结合，并且都做到很精美。所以这个对于我们的创作是很有好处的。

采访者：当年跟父亲一起去修缮文物的时候是什么样的情况？

何红兵：故宫呢，是这样的，我们总共修了有七八次，我每次都是跟父亲一起去的。特别是前期，我们到故宫以后的一些修复方案，包括我们在修复过程中的修复日记，包括拍照，一些基础工作，都是我在做的。我觉得故宫还是很震撼的，因为它有很多我们没有想到过的东西，前人都已经做过了，这个对我们后来的创新有很大的帮助。

采访者：当时你们遇到最困难的地方是哪儿？

何红兵：最困难的就是竹簧雕刻，还有一个竹丝镶嵌，本身竹簧我们以前做过，但是故宫的要求是要做到跟纸一样薄，并且还要做出立体感，这是非常难的，可以说做到这样的程度，我们以前是没有做过的。

采访者：当时是怎么攻克这些难题的？

何红兵：其实我们在修复之前就已经有过预案，因为我们当时也去考察过，也经过了我们技术方面的攻关，所以在修的时候，技术方面我们基本上已经攻克了，但是在修的过程中可能会出现一些意想不到的事情，比方说我们修的时候感觉那一块地方是没有坏的，但实际上在修的过程中，它又会有脱落，又会有起翘，反正有一些难度还是非常大的。

采访者：父亲当时是一个什么状态？

何红兵：我父亲其实还是蛮兴奋的，因为他很喜欢有挑战性的工作。故宫的修复对他来说很具有挑战性，他就不断地攻克难关。我们跟他一起有些什么问题都把它解决。他在故宫里最大的一个问题，就是他以前又喝酒又抽烟，为了故宫他把香烟戒掉了，这需要很大的毅力。

采访者：也是因为把这个事情作为一个很重要的事情。

何红兵：对。

采访者：您从父亲这边学了不少东西，从姚正华大师那边也学

了不少东西，您认为手艺的传承最重要的是什么？

何红兵：我觉得传统手工艺的传承，最重要的是要坚持，我父亲他已经坚持了六十多年，现在才取得这样的成就，我自己也是做了三十多年了。同时对这个方面要有兴趣爱好，自己一定要喜欢，喜欢才会坚持，如果不喜欢，人家强迫你做，那你就不会有更多的灵感，你传承就会有困难。

采访者：您认为传承下来的是手艺，还是一种传统的思考方式，还是两者都有？

何红兵：我觉得两者都有，一个是手艺的传承，另一个是文化的传承，两方面都很重要。

采访者：这两者同时传承下来才叫完整的传承，缺一不可。

何红兵：对，两者缺一不可。两者一定要结合起来，传承的手工艺是需要不断锤炼，要经常去锻炼，去制作。同时我们要好好地把竹编文化弄懂，一定要传承到下一代去。我为了传承这个文化，也经常到一些学校去讲课，我到过中国美院、广厦学院[①]讲课，前几天我给残疾人参加的活动当评委，我也给他们讲，所有的这些，都是为了竹编文化的传承。要让人家懂得竹编，一定还要懂得竹编文化，这才会有生命力。

采访者：那您觉得现在对于竹编的传承，亟待解决的问题是什么呢？

何红兵：现在我觉得学做竹编的人，特别是年轻人不多。

采访者：您现在有徒弟吗？

何红兵：有几个。

采访者：收了几个徒弟？

何红兵：我是这样的情况，有很多人想拜我为师，但是我觉得我爸爸他现在还有能力做老师，我希望给他们一个更高的平台，我让他们拜我爸爸为师。就是我刚才讲的，年轻人来学的比较少，你也看

---

① 广厦学院：全称浙江广厦建设职业技术学院。始建于2000年8月，是经国家教育部批准的民办全日制本科普通综合类高等学校。

到，在车间做竹编的，基本上都是以四五十岁的这帮人为主体，年轻人学的真的很少。我希望让年轻人更多地来学习。第二就是要坚持，现在也有很多年轻人在我这里学了一段时间，回去以后，他可能就放弃了，因为这个东西出成绩很慢。竹编也好，木雕也好，出成绩不快，是要长久地坚持才能获得的技能，然后才会有一定的成就。现在的年轻人都比较浮躁，他希望做几个月就能够出成绩了，就能够像大师一样，这是不现实的。所以我要呼吁年轻人来向我们学习，另外一个就是我们自己的作品也要贴近我们的现代生活，这样的话就能让年轻人也喜欢，就会更加有生命力。

四、何福礼孙子何凯舒访谈

访谈时间：2019年4月25日
访谈地点：浙江省金华市东阳市东风竹编厂
受访人：何凯舒
采访者：孟晖

采访者：请您作个自我介绍。

何凯舒：我出生于1993年，2011年考上了天津理工大学，2015年毕业。毕业之后去德国待了一段时间，大概2016年我就回来了。我小的时候，觉得爷爷就是整天都在厂里，印象中应该是一个工人，没有说是当老板的那一种角色。

何福礼的孙子何凯舒

采访者：没有陪您吗？

何凯舒：没有，小学到初中那段时间，每到周六周日我会去参加一些兴趣班。其实小的时候我很少来工厂，可能也就是晚上放学回来一下，或者说睡在爷爷奶奶家。

采访者：小时候对您爷爷是什么样的印象？您的朋友都知道他是一个大师？

何凯舒：那时候我们对"大师"还没有概念，就只是说手艺好。当时对于爷爷的定位，只是说一个手艺好的竹编从业者。

采访者：您为什么会放弃德国留学这么好的机会回国呢？

何凯舒：第一个我觉得家里面做这个，其实是有一个良好的平台在。第二个我是认为没有人学竹编，然后我来学的话，对于这个手艺也是一种传承。

采访者：关于传承手艺方面能说得再详细点吗？

何凯舒：其实第一个可能是自身原因，我不是很喜欢待在大城市，到小城市来的话，我们这种自动化专业很难找到一些技术对口的工作，即便找到了可能工资也不高，就觉得好像对不起在德国待的这段时间，还有花费，然后我就回到东阳。之后其实我是觉得爷爷的平台好，俗话说大树底下好乘凉，自己未来发展会更加顺利，我是这样想的。

采访者：您刚才也提到了可能看到高端艺术品的空缺，包括咱们现在年龄断层很严重，这其实也是您回来投身竹编的一个原动力吗？

何凯舒：对。现在我觉得好像我们做竹编的高端的，其实很少很少的，所以我希望回来继续从事这一项手艺，也是希望继续它高端的市场，我们这些工人都是从业几十年的，手艺特别好，我觉得从他们身上可以学到更多的东西，我们也继续做一些高端的产品。现在没有年轻人学，那我想我来学也可以先接受，先是"承"下来，然后再"传"出去，我现在只是做到"承"这一部分。

采访者：您当时学的是机械自动化专业？

何凯舒：其实我们是自动化方面下面的一个分类，叫作仪器仪表，是那种小到一个水表大到航天工业都会用到的器械，其实覆盖面特别广。这个专业必须要去读研究生才能更深入地学到一些东西，不然的话，大学本科杂七杂八学了很多方面，但是都不精，所以必须要读研究生。

采访者：您有没有想过把您之前学的东西融入现在的竹编手艺里面？

何凯舒：就我自己学的这一段经历来说，我觉得可能有一些步骤可以由机器来代替，但是编织这一方面我觉得很难，因为竹子一个是有韧性，但是它也容易开裂或者什么，你的竹青一薄或者竹簧一薄，它就容易开裂，有些步骤不是特别好处理。

采访者：机器不能代替人。

何凯舒：对。就比如我们一些老师傅跟我说，现在我们最常用的就是摇篾机，摇篾机是属于那种给你定厚度的，定了厚度摇出来就是那个厚度，但是它是属于不管三七二十一，直接给你压过去的那种，所以它的竹节部分，就容易产生一定的影响，导致我们后面改竹丝什么的，都会有一些变化。但是如果我们用手、用嘴巴来劈，就没有那么强的外力去影响它的本身。其实我们竹编跟一些刺绣什么的很相似，但是刺绣有机器，因为绳子不会断的，竹丝会断，越细的竹丝越容易断。所以这就是机器代替不了人去搞竹编的原因。

采访者：您刚刚进入竹编行业，认为它是一个什么样的行业？

何凯舒：反正我觉得也是青黄不接，您现在也看到我们厂里，好像年纪轻一点的，除了我之外只有一个女生，她也是一个学徒，但

何红兵竹编作品《清供图》

是其他正式的职工他们都年龄已经偏大了，基本都是四十多偏五十岁那一个阶段。所以竹编行业的话，可能不仅仅是我们工厂，外面一些厂或者一些小作坊他们的断层也会非常严重，要么没有人学，要么做的人年龄都偏大。

采访者：您觉得应该怎么解决这个问题？

何凯舒：其实我觉得一个是政府方面，他们得去扶持一下这一个行业，或者说不光光是我们竹编这个行业，而是整个手工业，因为现在年轻人都喜欢赚快钱，他们觉得我去学一门手艺，学出来以后不一定马上就能挣到钱，他们就不愿意花这个时间和精力去学这一行。我有一个朋友他去学修车，学了两年也没学到什么，修车的话一些老师傅他们虽然收你为徒弟，但是有些时候又怕你把别人的车给弄坏，就不会让你亲自操作只是让你看着，所以他们修车技术好的有，但是好像精的也不多，只能这样说。

采访者：您回来刚刚做学徒的时候，爷爷对您有什么要求吗？

何凯舒：从小做起，从小的方面开始做起，他们也告诉我不要一下子就想要自己的水平、能力有多么大的提高，而是你要从基础开始一点一点做起，所以我现在做的都是一些很基础的东西。

采访者：您自己觉得为什么要苦练基本功呢？

何凯舒：我觉得基本功就相当于一个房子的地基，如果这个地基不牢固，你上面盖得再华丽都没有用，它总会有倒的一天。包括我们现在编的一些人物或者立体编织，或者说他们的一些作品，其实真正用到的一些东西也都是非常基础、非常扎实的一些技术，没有那种特别华丽的。你看那些大象什么的，比如说挑二压二或者挑一压一之类的，它其实运用得非常多。

采访者：我觉得您昨天说的一句话特别好，叫作越简单的事情做起来越难。

何凯舒：对，越简单的事情做起来越难，人总觉得如果我挑一压一会了我就想做其他的，但是往往是这些越简单的东西运用到其他的地方越多，所以我觉得越需要把这一方面做好。而且有些很华丽的东西它并不实在，穿孔什么的，你看着很复杂很复杂，但是它的使用面特别小，它并不一定能用到很多的立体方面去。

采访者：昨天您说以后发展到一定程度会去设计一些自己的作品？

何凯舒：对。其实我自己目前有一个想法，第一个我想要去做一些钢铁侠什么的，就是"漫威英雄"。昨天晚上我也去看了《复仇者联盟4》，我是这系列电影的影迷，所以我希望去做这些人物，比如说"钢铁侠"或者"美国队长"之类的。但是我想要先去获得"漫威"的授权，因为我们做这个产品并不是说大批量生产或者什么样子，而是要做精，然后我一做精，如果没有他们的授权，那么我做出来相当于是盗版，这种事情我们不会去做，要获得认可我觉得这才是最关键的。

采访者：您每天在工厂里面工作会比其他的工人更容易吗？

何凯舒：工作时间肯定是工人多，因为我的话，可能还有一些其他事情需要我去处理或者什么，但是如果没事的话，我一般都会在工厂。工人他们上班是八个小时左右，那我可能有七个小时左右。

采访者：您从德国回国从事竹编，您身边的朋友和同学有没有劝过您啊？

何凯舒：跟我关系要好的那几个朋友都很支持我，因为他们觉得爷爷是大师，爸爸也是做这个的，我从事这个将来会挺好的，他们也都很支持。然后其他的一些朋友，包括我这些大学同学什么的，跟我关系不是那么密切的，我都没有告诉他们我在做什么，我从来没有在朋友圈上说我在这里做竹编或者怎么样，也没有在一些渠道，推荐自己的一些作品或者推荐家里的作品，因为我想自己还没有成为一个真正的竹编技术人才，我没有必要去说我现在在做什么。我觉得我现在是一个潜伏的阶段，就是真正把自己的技术给弄好了，等到自己获得比如说金华市大师或者说是什么的，再有一个相当于一个突发新闻那一种状态，我觉得会好一些。

采访者：那您觉得传承是什么？

何凯舒：传承，首先老祖宗的东西不能完全去接受，我觉得还是会有一些因人而异的东西，它其实整体是好的，但是有一些东西需要我们去改进。可能我们这一辈的想法和阿姨她们的，或者说这些叔叔伯伯他们的思想，会有一定的断层或者有一些差别，所以我会尽量在一些思路上去做一些改进，更靠近他们，但是我又不能完全一样。因为我觉得我需要找到一个适合我自己的工作方式，一个学手艺的状态，还有我自己的一个方法。

采访者：那您觉得如果您在这个基础上有所创新跟竹编基本功是不是相悖的？

何凯舒： 没有，因为我觉得基本功它是，怎么说呢，我觉得基本功的话也就是相当于打地基，你可以有不同的方式，只要让它牢固就行。其实我觉得我的一些方法、一些手法和他们不一样，但是并不影响我们出来的一个效果，我们出来的效果只要一样就行了，因为别人不会去看你到底是怎么编织的，你只要编出来效果好就行，我是这样认为的。比如你是右手写字，别人是左手写字，你不要去看他是怎么样去实现的，你只要看他写出来字好不好看，我觉得这个就是一个关键点。

采访者：您能举个例子吗，比如说您做了哪些创新，没有按照老传统来做？

何凯舒： 创新也说不上，我只是用我自己更加顺手的一个（方式）。

何凯舒正在编织

采访者：比如说呢？

何凯舒：比如说我们刚才编的那个篮子或者说是罐子一样的东西，那我们一条纬篾一条经篾去编的时候，我的想法是想顺着这个轨迹去操作，就是从左到右开始挑，因为有一些需要被压下去，有些是要露出来的，那么我会从左到右挑起来，但是我奶奶跟我说，她说我这样不行的，会被别人笑话不入门或者基本功不扎实或者怎么样的，她说正规的是要用篾添，就是那个小铁片从右边挑到左边，她说这样去挑才是老祖宗留下来的一个传统的方法。但是我觉得我这样挑我可能会弄错，我更加习惯于按照从左到右的轨迹去挑，我觉得会更加适合我自己。

采访者：您觉得竹编艺术是一个单纯的手艺还是需要综合的理解？

何凯舒：竹编，其实我觉得单对于竹编来讲的话，我觉得它更加偏向于一个手艺。包括我爷爷年轻的时候，他去学的时候都是做一些粗糙的东西，他们其实更加偏向于实用性为主。但是到现在大家生活水平提高了，就逐渐往工艺品方面去升级，所以到现在来说，你要做高级的肯定是需要能力更全面一些，但是如果说你只是论竹编，我觉得只是一门手艺。

采访者：那您觉得哪一方面更需要传承？

何凯舒：我觉得是手艺。因为其他国家他们也有竹子的一些工艺品，但是他们没有我们这么细，没有我们这么好，我觉得对于我们来说，更加需要传承的是这门手艺，如何去

何凯舒在现场教学

编织、去把一个产品给做出来。像其他国家有些竹雕或者说用竹子来处理一些，可能效果看着不错，但是它的实用性并不强，或者说只是限于展览，你真正要让消费者去买单的东西没有。国外的有些建筑或者什么你看着很那个，其实它的一些技术性是没有的，他们只是说把竹子拼到一起，或者用铆钉或者用什么绳子给它绑成那个样子。

采访者：您对以后自己从事竹编手艺有什么展望吗？您想做到一个什么程度？或者说您想怎么改变现在的竹编行业？

何凯舒：其实我也有一个想法，可能现在没有人去做，因为他们觉得好像不太现实。我想的是，比如说我现在是一个国家大师，那我会去和我们一些相关部门去沟通，比如说他们拨给我们多少钱或者怎么样，我们去一些偏远山区，在那边有很多孩子他们上不起学，他们吃不饱饭，我在那边造一个学校，早上安排他们认真学习，教他们上课，给他们提供伙食、工作服，满足他们的温饱需求，下午安排竹编的一个实践课。既为提升他们的文化素养，也为他们将来谋生提供一技之长。但是有一点，如果你偷懒，我们就会把你开除掉，因为我们要筛选一批人出来，作为一个拔尖人才好好培养，不是说所有人来混吃混喝就行，需要真正想学、真正会为之努力的一些人。这样我觉得为竹编行业培养人才，不一定你要为我打工，而是竹编这个事情如果没有人来学的话，我觉得可能会真的失传。

采访者：只是从学习竹编的方面您有没有想过让大家怎么认识竹编？

何凯舒：其实我刚才说的那个，就我们做一些"钢铁侠"，做一些年轻人喜欢的东西，这个也就是为了让更多人认识到竹编，了解到竹编，知道有竹编这个东西。因为既然我从你这里获得了一个授权，那你肯定也会有一些照片什么的，你要知道现在漫威的影迷或者说是《钢铁侠》的影迷有多少，比如说全球十个亿好了，可能真正知道竹编这一块的一个亿都不到。如果他们有平台，比如社交平台，INS（国外社交平台名称）上面有一些曝光的话，了解到这个的肯定比我们宣传的要多，而且他们那些平台会更有力度一些，所以我希望多做一些现在年轻人喜欢的东西，你不一定说要来买这个东西，而是大家认识到有竹编这个东西会有一些大的帮助。

何凯舒竹编作品

采访者： 您看您现在是在一个竹编世家，三代都从事竹编，您也马上当爸爸了，您是怎么想把这个东西再传承下去，有没有这方面的考虑？

何凯舒： 这个我和我老婆都讲过，我们想的是如果孩子他自己学习好，他自己很能学，很上进，一点都不用人去操心的那种，那我觉得他自己能走多远走多远，他能往多高的学历去爬，就去爬，我们也不会说一定要让他来学竹编或者怎么样，但是我觉得如果我的孩子读书读不来或者学习成绩很差，那我觉得他也没必要一定要浪费四年大学时间，荒废青春。其实我们的大学校友或者我们的同班同学，他们有很多都是晚上打游戏白天睡觉，完全就是在浪费时间，他们也不上课，然后就挂科，所以我觉得如果孩子成绩差，不一定要去上大学，我反而会让他多出去走走，多锻炼一下，我觉得对他人生经历会有一些帮助，然后就是让他学我这一门手艺或者去学其他的东西，一定要让他有一门技艺在手。如果说他脑子很好，或者说学习能力很强，他自然会掌握一门他擅长的专业，得到一份好工作，那我们就不去强求他。我们学校属于二本院校，很多来二本院校招聘的，结果他说是211学校之外的学生都不要，那我觉得很好玩，你就直接去211学校招就行了，你来我们学校干什么，所以我觉得其实现在招聘很多人都是看你文凭，他们第一项并不知道你的能力，所以我觉得如果说他考得很烂，比如说三本都上不了，你就踏踏实实地学一些手艺，以后也会有一些更好的路去发展，而不要像很多人在那里混日子。

五、学术专员许林田访谈

访谈时间：2020年8月25日
访谈地点：浙江省非物质文化遗产保护中心
受访人：许林田
采访者：王小欢

采访者：许老师好，在您眼中，东阳是一座什么样的城市，或者说它和浙江其他的城市相比，它有哪些特点？

许林田：东阳文化底蕴非常深厚，被称为建筑之乡，也号称博士之乡，东阳又是百工之乡，传统工艺非常丰富，特色鲜明。像东阳竹编，东阳木雕，还有东阳古建筑营造技艺，还有一些地域特色鲜明的民俗项目，形式多姿多彩，所以是一个名副其实、当之无愧的手工艺城市。

采访者：东阳这样的城市才会孕育出像何福礼、陆光正这样的一批影响力很大的中国工艺美术大师。

许林田：东阳之所以称得上是手工艺百工之乡，有它的历史原因。从历史来说，东阳木雕的历史很悠久，形成于唐代，到清代达到鼎盛时期，有一大批技艺非常高超的能工巧匠，据《东阳简讯》记载："北京颐和园内所雕琢的雕梁画栋，参与建造的工匠，称得上是一代精英，来自全国各地的翘楚，其中许多应征入选的名工匠就来自东阳。"历史上手工艺人在外谋生的也特别多，所以说涌现

浙江省非遗保护中心研究馆员许林田在何福礼大师工作室进行访谈

出像陆光正大师、何福礼大师等这样一批大师也不足为奇的，是历史的必然。以前东阳木雕就有"木雕皇帝"杜云松、"木雕宰相"黄紫金、"木雕状元"刘明火、"木雕榜眼"楼水明，有很多巧艺夺天工的能工巧匠。像何福礼大师的师傅在当地也是很有名的师傅。这个地方有很多大师的话，肯定要有一个历史演变的原因，还有一个是一代一代的薪火相传的结果。

采访者： 除了人文因素，有没有关于地理方面的因素？

许林田： 东阳木雕现在用的材料，大多是来自东北的椴木，也不是当地的材料，因为现在交通也方便了。以前可能大多用的是当地的香樟木什么的。像东阳竹编的材料适应性也比较广，当地资源比较丰富。农耕时代的传统工艺，大多与当地的自然环境、资源有一定的关联。

采访者： 相传历史上，东阳竹编匠人曾经为皇家展示了精美绝伦的竹编工艺。那竹编在东阳有着怎样的历史传承？

许林田： 传承的话，因为东阳竹编的历史很悠久。历史上，大部分东阳竹编跟我们的生活，跟老百姓的生产与生活密切相关，大多都是日用品，生活中的一些用品，除日用品外，还有为皇室制作的精美竹编。现在故宫所修文物，有专家提出来，很多展陈工艺品，是由东阳竹编师傅他们编织的竹编工艺品。

采访者： 在我们中国产竹的地方很多，为什么东阳竹编能够技高一筹呢？

许林田： 在全国范围内，竹子品种也很丰富，有几百种之多，特别是长江以南很多地方都有，竹子生命力很强，适应性也很好，但是产竹的地方，不一定就是竹编手工艺特别发达的地方。浙江有两个地方竹编很有名，一个是东阳竹编，另外一个是嵊州竹编，在全国都有影响，尤其在浙江省内影响比较深远。东阳竹编，有它的传承历史。在历史上，竹编在民间应用非常广泛。到了手工艺合作社之后，1958年东阳成立了东阳木雕工艺厂，工艺厂下设竹编车间，就是专业生产加工竹编的车间。很多竹编就出口到东南亚，出口创汇是一个主要渠道，当时有很多的竹编手艺人。一个地方要形成一定规模与影响力的工艺，由很多因素决定的，最主要是历史的传承。在东阳，手艺不仅仅是一个谋生的重要手段，能够养家糊口，还有一个，手艺人也是普遍受到社会的尊重。有一门手艺，他不仅能够养家糊口解决就业，也能够带动当地经济的发展。

采访者：关于竹编，浙江这边的您比较了解，其他地方您熟悉吗？

许林田： 浙江很多地方都有竹编，特别是浙西、浙南、浙中一带很多的，竹编的地域差异性也很大，工艺特色各异。四川那边的竹编工艺，以平面编织为主的，东阳竹编更多的是立体的竹编，是实用性与艺术性兼顾。东阳竹编、嵊州竹编为中国香港回归、澳门回归特制的国礼，是传统工艺精品。

采访者：您怎样评价何福礼大师和他的竹编工艺，或者您有哪些了解？

许林田： 我是 2005 年认识何大师的，到现在已经整整十五年了。当时非物质文化遗产保护刚刚兴起，那时我刚刚去浙江省文化厅（现省文化广电和旅游厅）社文处非遗保护办公室挂职，当时文、旅还没合并，所以还不叫省文化广电和旅游厅，我具体协助省文化厅王淼处长做好非遗保护工作。第一次去东阳调研，在时任东阳文化馆馆长韦锡龙和文化馆业务干部龚明伟的陪同下，参观了几家东阳木雕厂和东阳竹编厂，尤其是对何大师精美绝伦的竹编工艺，印象铭心刻骨。第二次，是在 2006 年，省非遗办在浙江图书馆举办了文化遗产日的系列讲座，我们邀请的都是非遗代表性传承人，当时何大师作为东阳竹编的传承人，受邀请到我们浙图文澜讲坛作一个讲座。当时他讲的内容，就是他为故宫修文物。2005 年故宫修复乾隆皇帝的御书房——倦勤斋，倦勤斋的好多竹编器物，不同程度地受到损坏。故宫向全国招募技艺高超、能修复故宫文物的"高人"，何大师报名应征，过关斩将，最终脱颖而出，被故宫招为修文物的手工艺大师。从认识何大师，到现在我对何大师的竹编工艺有了进一步的了解，他的技艺精美绝伦、鬼斧神工。他的竹编工艺，可以编得出神入化，栩栩如生，他很多代表作品就是很好的一个体现。第二个印象深刻的，就是何大师他从来不会满足现有的成就，尽管他现在已经获得了国家级非遗代表性传承人、中国工艺美术大师、亚太竹工艺大师等荣誉称号。他是非常好学，非常勤奋，也永远不会满足于技艺的一个人。他善于向同行学习,向东阳木雕陆光正、冯文土、黄小明等大师学习,与他们交流,听取不同的意见。创作一件作品前,他会征求其他人的意见,善于听取、吸取不同意见。第三个方面,我觉得何大师不仅在技艺上,在为人上也是很好的,对其他手艺人,包括对我们非遗工作者来说,也是值得我们学习的,像一面镜子一样时时提醒自己。他为人非常诚恳,他的品行也是很高尚的,可以说做到了德艺双馨。人家假如说向他请教,竹编编织当中碰到的一些解决不了的难题,他就会毫无保留地把自己的技术教给其他人。而且他不会满足,一般人会觉得自己已经功成名就,也差不多了,年纪也七十五岁了,可以告老还乡,颐养天年了。但是目前为止我了解到的,只要他在东阳,除一日三餐外,他就在做自己的作品,一直没有停止过。可以说他是非常了不起的一个出神入化的手工艺人,真正的大师。

采访者:何大师说他有五件代表作品,代表他创作的五个阶段,分别是《九龙壁》《工艺长龙》《望月楼》《十八担》和《百鸟朝凤》,对于这些您怎么看?

许林田:这些作品代表了他不同时期的创作,一方面也是他艺术风格的形成与转变。从他的某件作品或其他作品中,可清晰地看到他不同时期对竹编技艺的探索与超越。其实有一些作品,像《工艺长龙》,当时是为香港回归创作的一件作品。那么这件作品,就融合了东阳竹编各种工艺创作构思出来的。后来很多的作品,其实他既注重传统技艺的传承,把老祖宗传下来的工艺继承好,有些作品,他在传承的基础上,又把自己的一些创新的理念,向前推进了一步。所以说,他的作品还是具有很强的时代气息,主题也好,技艺也好,很多方面有时代精神,表达出我们当代人的审美情趣。

采访者:根据您对他的了解,您对他印象深刻的作品可以讲讲吗?

许林田:前年我们组织非遗专家,到他家里去走访,为征集浙江省非物质文化遗产馆馆藏品去的。去了之后我们看了这件《竹丝白鹤鼎》,作品上下六层,非常经典的,白鹤昂首挺立,作品造型优美,鼎身飞檐叠翠,又能够代表东阳竹编真正的核心的技艺。它的各种编织技法多,有双菱、菊花、穿藤、贴片等,能够代表东阳竹编的当代工艺。

采访者：我们说说他现在比较有代表性的《望月楼》。

许林田：《望月楼》，是为在东阳举办的手工艺大会而精心创作的，为创作这件作品，他前前后后构思考虑，花了很长的时间，构思好之后，我听陆光正大师说，冯文土、黄小明等东阳工艺界的几位国家传承人，影响比较大的大师，为这件作品的创作也提了一些建议。作品花了好几年的时间，后来创作完成后，荣获了在东阳举办的传统手工艺大会的金奖，最高的一个奖项。所有的评委看了之后，都为他的工艺所折服，没有争议地获得了一个最高的奖项。

采访者：他好像现在有一个新的目标，他在做《百鸟朝凤》，那个您有了解吗？

许林田：上次去他工作室，听他说起过，当时还没有进行创作，他说要创作一件《百鸟朝凤》的大型竹编作品。当时还在构思中，还没有进入具体编织工艺这个环节。这个也应该很有挑战性的，相信在不久的将来，肯定会有一个全新的、让人震惊的竹编精品呈现给世人。

采访者：其实这个作品我们可以不用谈，但是我们可以通过他这种挑战精神，给自己不断安排目标，可以谈一谈这方面的内容。

许林田：跟他交往之后，第一印象会觉得他是真诚又厚道的手艺人，本色的匠人，但是你深入了解他之后，你会发现他身上有一股韧劲，一股牛劲，是一位永不满足的艺术家。他不断在超越，不断在

何福礼的爱人陈亨珍

探索。他不会满足于现有的成功,去重复昨天的故事,他会不断地去创新,去尝试,我觉得有一个创新的动力,就是对艺术的不懈追求,他是永远不满足于自己过去的成就,是一个真正的工艺家。

采访者:总感觉他还有一股劲?

许林田: 在我们当地有句方言,"着地坐",形容小孩不求上进。而何大师浑身上下有一种不服输的精神,现在看到他很多成功问世的作品之后,我们不了解作品成功的背后故事。这些作品,是他多年探索、长年积累,才水到渠成创作出来的,付出了很多的艰辛与努力。在创作中也有些不太完美的作品,但是他正是有了这股劲,对艺术境界永无止境的这种追求精神,才会不断有好的作品出来。他是非常谦虚的一个人,他待人也很诚恳。他对东阳木雕的陆光正大师也很尊重,陆光正大师也是他的好朋友,他的年龄可能比陆大师稍长一点,但是他非常尊敬陆大师,几十年的交往,四五十年的好朋友像兄弟一样。我也很感动他们之间的友谊与情感,他们两人之间的交流超越了一种艺人之间的交流,就像两个兄弟坐在一块喝酒一样,是那种非常真挚的感情流露,会相互帮扶,相互探讨,求得一个最完美的方法。

学术专员许林田(右)在访谈前与何福礼大师进行交流

采访者：因为我是觉得，他很愿意去挑战，脱离他的舒适区，他也不害怕失败，像一个未知的东西，比年轻人好像还勇敢？

许林田：他有很强的求知欲。我举个不一定恰当的例子，我们见到或了解到的手艺人中，有一件作品获奖，或代表作品出来之后，他后面就出不了新的作品，或者一生当中就这么几件作品。但是何大师不一样，有不断的新作品，而且比原来更好的作品，不断在创作，源源不断地创作出优秀的作品来，他就是怀着一种对艺术、对竹编的发自心底的热爱。同时，他还有很强的时代责任感、使命感，他想作为一个国家级非遗代表性传承人，不仅要传好这项技艺，把这个精神也要传承好，要为年轻人树立一个榜样，他就是值得后人敬仰的这么一个人。

采访者：下面是关于何大师的一些话，我给您念一下：何福礼大师出身贫寒，文化水平低，但他在自己的竹编事业上，肯动脑筋，并且用口勤、手勤、脚勤来要求自己，同时面对机遇时，他又能够权衡利弊，抓住机遇，提出只要有图，竹编无所不能。对于他的这些话您怎么理解？

许林田：何大师出生在义乌的一个贫寒老百姓家里，他十四五岁时，跟东阳的一位名叫马世富的师傅学竹编的。其实他一路走来，经历很多的坎坷，经历很多的事情。但是我觉得他刚刚讲的，只要有图纸，其实我想最最关键的，一个人要有梦想，有了梦想，才会有动力。因为在他的心里始终有一个竹编的梦，有这个梦想之后，他才会有动力，他才会有激情，才会有创造，才会有东阳竹编的美好未来。现在东阳竹编传承当中也是碰到很多困难。第一，传承人的问题，愿意学竹编技艺的人不多，因为它毕竟要付出很艰辛的努力；第二，竹编的市场，跟社会的转型也有关联，现在竹编不是老百姓生活中的必需品。比如说生活中用到菜罩、菜篮、手提袋，要符合我们现代人的需求、审美再去创造，去创作一些更好的，被现代人需要的作品。一类是日用品，还有一类是工艺品。任何工艺，要传承发展，就应该是被需要的，另外要有实用功能，更高要求的话，还有艺术审美功能。实用性跟工艺性结合。现在跟以往相比，要求更高，不仅仅满足于用的功能，还有一个艺术审美的需求，既是我们生活中使用的日用品，又能给你带来一种美的感受，给你带来一种愉悦的心情，这是一个关键，所以这个市场永远不缺，缺的是我们的头脑，怎么样去创作，去做更有市场前景的作品。何大师说得好，只要有图纸，他无所不能，之所以能，我想最关键的是人发自内心的动力，有梦想，才会不断在超越自己。

采访者：其实还有一个方面，现在机器的竹编也对手工艺形成冲击。

许林田：随着社会的发展，科技的进步，很多手艺面临现代化、机械化的挑战。当时对工具有许多改进，包括竹编行业，破篾机，在20世纪八九十年代就已经发明了，我们现在对工具的改进创新，也不能够一刀切，全部排斥，有一些发明创造，对社会发展，科技进步，把人从繁重的劳动当中解脱出来有积极作用。另外一个，任何一项工艺，也要靠人去发明、去创造。况且，有一些东西机械是替代不了的，像竹编也是一样的，竹编工艺当中有一些东西有细微的变化，有一些技艺，肯定不可能机械化去完成，肯定要靠人的大脑、人的智慧、人的手工，才能完成。

采访者：以前何大师从得到修故宫倦勤斋的消息，到尝试制作，他觉得自己的故宫之行是上了三年的研究生，您觉得他参与故宫倦勤斋的修建，对他本人来说意味着什么？

许林田：2004年，故宫向社会张榜招聘修复故宫倦勤斋的大师，乾隆皇帝书房有很多精美器物，有一些经典竹编作品。我在想，他能一举夺魁，为故宫修文物，一方面是对他技艺的认可，当时在全国范围之内招聘，后来何大师脱颖而出，确实了不起。刚刚您问的问题，一方面，说明何大师的谦虚，他说三年在故宫修文物，他觉得是上了三年的研究生。另一方面讲，对他技艺来说，也确实是一个极大的提升过程。因为他在故宫里面，他能够接触到皇家的很多竹编工艺，其中的一些器物，经典的造型，皇家工艺，在民间很难见到，手工艺人也没机会接触到。加上何大师又这么勤奋，善于思考，善于探索，对他来说，也是一个学习、研究、成长的过程。何大师从故宫回东阳之后，他的技艺也有了很大的提升，现在他家里展示的竹编精品——竹丝镶嵌座椅，他就是按倦勤斋的竹编工艺创作出来的，这是他在故宫里受到启发之后激发的创作灵感。他一方面贡献了自己的聪明智慧和才艺为故宫修复。修复完工之后，世界遗产基金会组织专家进行验收，有一位专家在看了何大师修复的文物之后，对他评价极高，说他是"一个天才的艺术家",这个评价毫不夸张,确实在技艺方面达到巅峰,艺术造诣非常高。他在故宫修文物当中,善于思考,也能够总结,结合自己的工艺,悟到学到很多在平时学不到的东西,对他的技艺肯定有很多的帮助。何大师也跟我们讲了很多在故宫修复期间有趣的故事,在倦勤斋内,夏天不能使用空调的,恒温恒湿,环境要求非常苛刻,他在修复工作中,靠电风扇消暑,有一天中午,他喝了一点小酒,因为几天的连续"作战",人也很疲劳,加上天气太热,中午休息时在枕头下面放了一个冰袋,睡醒后,发现整个脖子已经硬掉,动弹不得,后来连忙送到医院去抢救,现在还留有后遗症。在故宫修复期间,他一个东阳人到北京,人生地不熟,肯定有很多生活上的不便,有很多方面都要克服。过程非常艰辛,克服了很多困难。

采访者:何大师之前还涉足过其他的行业,开办过袜子厂什么的。如果运转好的话,当时可以一天赚一万块钱,当时是因为运转不好停了。您认为如果当时运转好的话,他还会继续做竹编工作吗?

许林田: 我想何大师肯定还会坚持做自己喜欢的事业,还会去做竹编,当时因为经济大背景的影响,很多人转行办企业,你刚刚讲的袜业厂,因为东阳离义乌很近,义乌小商品市场需求量大,市场也好,当时一天一万、几万块钱的收入,肯定有不小的诱惑力。但袜业赚钱再多,也改变不了他对事业的追求,袜业不是他真正想追求的,他追求的一定是他所热爱的竹编事业,为竹编的传承发展他会倾注心血。因为他的灵魂,在竹编上面,他的心在竹编上面,他们的家族传承的基因也在这上面。何大师的夫人也一直是做竹编的,而且技艺非常好。何大师的两个儿子何红亮和何红兵都是做竹编的,现在他的孙子何凯舒也在做竹编,我觉得他的心都在竹编上面,当时开过袜业并不能说明他会从事袜业,他一定会回到自己的正业,自己热爱的事业上来。

采访者:在当前,我们这样的一个社会背景下,一名好的匠人,他如果只懂得埋头创作是不够的。对于何大师和竹编的未来,您怎么看?

许林田: 现代社会,其实对一个传承人,对于一个匠人,对于一个手艺人来说,都不容易。对于竹编大师的要求就更高了。他不仅仅要懂这个技艺,他要会创作,他还要会设计,他要不断超越自己。

很多手艺人的手上功夫，他的技艺非常好，但他做的，仅仅是把技艺传下来，还没有做到发扬光大，大多停留在师傅怎么教我怎么做，但是作为一个真正的大师，国家级非遗代表性传承人的话，他要做到发扬光大，他要把这个技艺能够传到下一代，能够传到更远方，对他的要求不光是技艺方面，另外要理念、设计、发展。还有一些想做得好的，还会（要求）市场营销等综合的素质，还有理论的修养。浙江的传统技艺、传统美术有很多项目，像竹编类的，木雕类的，也需要扎实的美术基础，他要懂得绘画、造型，设计的作品怎么样好看，有一些自己要画图纸，要通过自己画图纸、要会设计，但现在的情况，恰恰是即使有很好的构思，但是画不出来。所以说，传承人需要有综合素养的一个提高。像东阳竹编、东阳木雕，包括其他项目的从业人员，有许多都是专门的专业学校毕业的。东阳有一个东阳木雕学校，培养了很多人才。木雕学校，对他们的成长，对理论水平，对技艺实践操作都有很大的帮助。当时有一些东阳木雕和东阳竹编的一些老艺人，都是很综合，很全面的。当时还评木雕皇帝、木雕宰相、木雕状元，评上的人都是很综合很全面的，就是一个人综合素质与能力的表现。

采访者：2016年，何大师的孙子何凯舒欧洲留学毕业之后，他选择向他的爷爷学习竹编，其实除了他的外公外婆以外，一家人都支持，给出的理由是学好一门手艺，足以养活一家人，用现实中低姿态的方式，抹平了物质与精神之间的鸿沟，您怎么看待何凯舒的这一决定？

许林田： 我也见过小何，非常帅的小伙子，我真为何大师高兴，为何家人高兴的。一方面，何家的竹编技艺能够一代一代传承下来，真正做到薪火相传。另外更值得惊喜的，就是像小何这样的有高等教育学历，有海外游学经历的年轻一代，与以前的手艺人完全不一样，他们从事一项技艺，学好一门技艺，肯定不是单单为了能够养家糊口，他主要是为了满足自己精神上的诉求。现代社会的发展，社会分工的多元，社会上的职业，没有什么高低贵贱之分，我觉得这个社会是（处于）一个高度专业，一个技术化专业化的时代，他能够找到身心上的一种愉悦。另外更重要，我觉得现在年轻人喜欢，代表了未来，代表了传统工艺的希望，让年轻人看到了传统工艺振兴的希望。年轻的小何也一定受到他爷爷的影响，才喜欢上这个职业，希望像薪火相传的火炬，一代一代传下去。在当下这个社会，年轻人能喜欢上传统工艺，让我看到了更大的希望。

采访者：浙江的山多、水多、君子多，作为岁寒三友、四君子之一的竹子，在竹编里能够给我们带来哪些启示呢？

许林田：从古以来，很多文人笔下，诗人、书画家心中，竹子代表和表达的是一种精神，表达一种人文的情怀。你看从古到今，很多的文学家、艺术家，写了很多跟竹子相关的诗词，文章也流传下来很多。像画家笔下的竹子，也是表达一种文人的气息，苏东坡他就说过"宁可食无肉，不可居无竹"，你在院子里种个竹子，它代表一种情怀，我们做人，要虚怀若谷，人要像竹子一样，要有精神追求。另外，老百姓这么喜欢竹子，竹子还表达了美好，竹子资源很丰富，大自然中有非常丰富的竹资源，它回赠给我们社会的，除了物质之外，更多的是精神，精神价值，寓意在里面。主要是一种人文精神的价值。

采访者：那就是说，像竹子的这种价值，在竹编里面能给我们带来哪些启示？

许林田：竹子在江南，在我的家乡，是非常普遍的一种材料，它其实不像一些黄杨木、金丝楠木、小叶紫檀这种材料这么珍贵，但是通过工艺家的创作，它能够大大提升它的附加值，所以尽管材料很普遍，但是通过我们的加工，通过我们竹编艺人的创作，赋予了它更多的文化、艺术、经济价值。另外，竹子本身，只要你是玩过竹子的人，都会觉得很有玩味。竹子其实随着时间的演变，很多的竹编的器物外面跟空气接触之后会氧化，这种颜色，随着你的日用，人与物，物与人之间会产生心灵相通，时间长了之后，竹器也就成了你生活中的一部分。跟我们非常亲近，跟我们的人的气息也很贴合。除此之外，竹子材料之所以受人们喜欢，因为竹子的材料也非常环保，跟工业化时代的一些塑料制品形成很大的反差。社会倡导环保，可持续发展，对我们的身体没有任何副作用。与人类，与生俱来就感觉很亲密，是跟人很亲近的一种材料。

采访者：对于何大师和他的竹编事业，您有哪些祝福？

许林田：何大师是国家级非遗代表性传承人，中国工艺大师，

口述访谈前,国家级非遗代表性传承人何福礼(左)、学术专员许林田(右)宣读伦理声明

在竹编工艺界影响力很大,是我非常敬重的一位良师益友。何大师是1944年出生的。一方面,祝福他身体健康。突如其来的新冠病毒,影响了我们的正常生活,对人的生命,人的健康,对我们的生活方式,产生了很大的影响,我们会更加关注健康,关注我们的生活方式,只有好的身体,才能够为社会作更大的贡献,对他人有更多的帮助,所以要祝他身体健康,平时要注重身体,生活有规律。第二个,衷心祝福何大师创作出更多受老百姓喜爱的竹编作品,在艺术上能够永葆青春,越走越远,为社会创作出更多更好的艺术精品,为我们带来更美好的艺术享受。这是我的祝福。

附 录

何福礼大事年表

1944 年 11 月	出生于浙江省义乌市东河乡井头徐村。
1958 年	进入东阳竹编厂，跟随竹编名艺人马世富学习竹编工艺。历任东阳竹编厂车间主任、技术副厂长。
1963 年	参与制作党和国家主要领导人刘少奇出访东南亚国家礼品《啤酒篮》。
1968 年	与东阳木雕竹编工艺厂陆光正等人合作创作人物精品《三打白骨精》。
1978 年	创作竹编作品《仕女弹琴》，在雁荡山全省工艺美术创作设计工作会议上获三等奖。
1983 年	应邀赴澳大利亚墨尔本等地进行技艺展示与交流。主持大型竹编《九龙壁》的编制工作，独创多种编织技法，该作品于1984年获得中国工艺美术百花奖金杯奖，被列为国家工艺美术珍品，事迹载入《东阳市志》。
1986 年	随浙江省进出口有限公司出访团，赴德国、法国、意大利、西班牙等国进行竹编表演、培训与交流。
1989 年	创办浙江东阳东风竹编工艺厂，任东风竹编工艺厂董事长、艺术总监。
1997 年	制作竹编《工艺长龙》，在香港展演，时任香港特别行政区行政长官董建华为巨龙开眼点睛，该作品被列入吉尼斯世界纪录。
2000 年 12 月	被评为高级工艺美术师。
2003 年 12 月	国际竹藤组织和中国竹产业协会授予何福礼"中国竹工艺大师"称号。

2004 年	通过北京故宫博物院及世界文化遗产基金会考核。自 2004 年，八次进京修缮故宫博物院乾隆皇帝御书房倦勤斋、符望阁、矩亭及乾隆花园的宝座、屏风等。
2006 年	捐赠竹编作品《八仙竹丝花篮》《竹丝白鹤鼎》给浙江省博物馆。同年，与东阳木雕的中国工艺美术大师冯文土一起，在上海举办东阳木雕东阳竹编精品展。
2008 年	赴希腊义务植树，精心制作东阳竹编《大熊猫》（一对），送给奥林匹亚市政府。
2009 年 5 月	被文化部评为第三批国家级非物质文化遗产项目（东阳竹编）代表性传承人。
2011 年 4 月	"见证乾隆御书房的手工奇迹——中国竹工艺大师何福礼竹编精品展"在北京中外首工美术馆举办，展出作品四十五件。
2011 年 5 月	捐赠竹编作品《竹丝白鹤鼎》，由国家博物馆收藏。
2012 年 11 月	被评为中国工艺美术大师。
2014 年	创作东阳竹编作品《望月楼》，该作品获世界工艺文化节木雕技艺大赛"艾琳·国际工艺精品奖"金奖。
2015 年	创作东阳竹编作品《十八担》。
2016 年	在浙江省博物馆举办个人展"江南竹韵——何福礼竹编艺术精品展"，向浙江省博物馆捐赠竹编作品《八仙竹丝花篮》。同年，向浙江省博物馆捐赠竹编作品《海螺》《竹编技法匾》《书法壁挂》。

2017 年	捐赠东阳竹编代表作品《竹丝白鹤鼎》，由浙江省非物质文化遗产馆收藏。应伊朗文化遗产、旅游和手工业组织（简称 ICHTO）邀请，由中国工艺美术协会牵头，赴伊朗进行竹编教学培训。
2018 年	被授予亚太地区竹工艺大师称号。作品《竹编宝典》被国际竹藤组织收藏。浙江省非物质文化遗产保护中心研究馆员许林田对国家级非遗代表性传承人何福礼进行口述史访谈与记录。
2019 年	向金华市博物馆捐赠东阳竹编作品《美好生活》。
2020 年 8 月	捐赠竹编作品《义乌舰》，由义乌市人民政府收藏。
2021 年	参加在浙江东阳举办的第十五届中国木雕竹编工艺美术博览会，捐赠作品《南湖红船》，向建党一百周年献礼。创作大型竹编精品《百鸟朝凤》。

参考文献

1.《竹编工艺》，俞樟根、徐华铛编著，1992年，高等教育出版社出版。

2.《中国竹编艺术》，徐华铛著，2010年，中国林业出版社出版。

3.浙江省非物质文化遗产代表作丛书《东阳竹编》，金兴盛主编，龚明伟编著，2014年，浙江摄影出版社出版。

4.《东阳何福礼竹编艺术馆》，朱斐婳、龚明伟编著，2016年，浙江摄影出版社出版。

5.《浙江省各级非物质文化遗产保护名录汇编》，浙江省非物质文化遗产保护中心编，2016年，浙江摄影出版社出版。

6.《浙江省国家级非物质文化遗产代表性传承人调研报告》，浙江省非物质文化遗产保护中心编，2017年，浙江摄影出版社出版。

7.《浙江省非遗馆捐赠作品精品图录》（卷一），郭艺主编，2018年，浙江人民美术出版社出版。

8.《浙江省国家级非物质文化遗产代表性传承人口述史丛书：俞樟根卷》，许林田、徐华铛编著，2020年，浙江摄影出版社出版。

后 记

　　初次认识何福礼大师是在 2005 年 6 月，当时我在省文化厅非遗保护工程办公室挂职，非遗保护方兴未艾。党中央、国务院高度重视文化遗产保护工作，决定从 2006 年起，每年六月的第二个星期六为我国的"文化遗产日"（后改为"文化和自然遗产日"），旨在提高民众对文化遗产保护重要性的认识，增强全社会的文化遗产保护意识，增强文化自觉与文化自信。

　　在 2006 年首个"文化遗产日"，省文化厅在杭州吴山广场举办了首届浙江省非物质文化遗产节暨第七届广场文化节开幕式等一系列丰富多彩的活动，其间，在浙江图书馆举办了"非遗系列讲座"，邀请了在国内外颇具影响力的"大咖"，著名专家学者与非遗传承人，有中国艺术研究院研究员、音乐学家田青，有中国工艺美术大师、东阳木雕国家级传承人陆光正，还有在故宫博物院修文物的东阳竹编传承人何福礼大师等，我作为该项工作的责任人，具体负责联系和落实。当时何大师正在故宫修复文物，工作特别忙，但何大师还是给予大力支持。开讲的那天，浙江图书馆二楼的报告厅来了二百多人，他用带着浓浓乡音的普通话，给大家分享了他在故宫倦勤斋修文物的精彩经历与感悟，现场还带来了他创作的《关爱》等几件竹编作品，听众在现场近距离欣赏他用细如发丝的竹丝编制的精妙绝伦的竹编作品后，惊叹不已。他给大家上了生动的一课，普及了非遗保护知识，也展示了东阳竹编的精湛技艺与工艺特色。那次是我与何大师的初识，因那天下午何大师要急着赶赴北京，交流不多，但给我留下了深刻的印象——平和、朴素、坚韧，技艺高超，没有大师的架子，感到特别温和、亲切。

　　随着非遗保护工作的深入，与何大师见面、接触的机会渐渐增多，每年组织举办的浙江（中国）非物质文化遗产博览会、中国义乌文化产品交易博览会（后改为"中国义乌文化和旅游产品交易博览会"），还有专题性的非遗展会、展演活动，经常能见到他的身影，他总是笑容可掬，总是忙忙碌碌，但只要是文化部门邀请他参加的活动，他都积极配合，从不推辞。我渐渐地对他有了更具体、更直观的了解，对他所从事的东阳竹编的存续状况、传承发展情况有了更深切的了解。

2018年,本人有幸作为东阳竹编国家级非遗代表性传承人记录工程的学术专员,对东阳竹编何福礼大师进行口述史访谈,通过访谈对他有了更详尽、更全面、更系统的深入了解,知道了许多鲜为人知的生活细节、从艺经历、感人故事。他的生动叙述,把我带入他令人如痴如醉的"竹编世界",有种沉浸式的体验。一位情感真挚、血肉饱满、有情有义的"东阳汉子",一个大写的"竹编传人",在我脑海中久久萦回。何大师出身寒苦,经历苦难,七岁丧父,十四岁母亲离世,十五岁跟着"叔叔"(民间对继父的称呼)马世富学习竹编。从艺60年,他创造了东阳竹编的几大奇迹:1983年,赴澳大利亚墨尔本等地进行技术交流与展示,是东阳首位赴国外展示的竹编艺人;1997年,编制了一条2465米长的竹编巨龙,是迄今为止最长的竹编巨龙,该作品被列入吉尼斯世界之最;2005年起,八次进京修缮故宫博物院的精华建筑——乾隆皇帝御书房,成为"首位故宫大修内装修部分的试验者"。他从艺以来,不懈怠、不放弃,一直按母亲说的"学一行爱一行钻一行"的那句话,激励自己,提醒自己,真正守住了当时的那颗初心。我在深深为他取得的骄人成就感到内心激荡和兴奋的同时,更为他的始终不渝的那颗炽热初心而感动。

在该书的编撰过程中,何福礼大师的大儿子何红亮、小儿子何红兵、孙子何凯舒和摄制团队给予了极大的支持,收集素材、提供图片资料;编审专家林敏先生牺牲休息时间,仔细审稿校对,对完善书稿提出了许多建设性的宝贵意见;在口述访谈过程和本书编撰过程中,得到了东阳市非遗保护中心主任吴海刚、副主任朱斐婳的大力支持;伦敦大学学院文化遗产研究专业研究生陈沁钰认真协助做好文稿校对工作,以及拍摄团队良好配合与辛勤付出,在此一并表示诚挚的感谢。

是为记。

编著者
2021 年 12 月 21 日

责任编辑：刘　波
装帧设计：薛　蔚
责任校对：王君美
责任印制：汪立峰　陈震宇

图书在版编目（CIP）数据

浙江省国家级非物质文化遗产代表性传承人口述史丛书. 何福礼卷 / 郭艺主编；许林田编著. -- 杭州：浙江摄影出版社, 2024.7. -- ISBN 978-7-5514-5024-9

Ⅰ. K825.7

中国国家版本馆CIP数据核字第20242V5A04号

ZHEJIANGSHENG GUOJIAJI FEIWUZHI WENHUA YICHAN DAIBIAOXING
CHUANCHENGREN KOUSHUSHI CONGSHU
浙江省国家级非物质文化遗产代表性传承人口述史丛书
HE FULI JUAN
何福礼卷

郭　艺　主编　许林田　编著

浙江摄影出版社出版发行
　　地址：杭州市拱墅区环城北路177号
　　邮编：310005
　　网址：www.photo.zjcb.com
制版：浙江新华图文制作有限公司
印刷：杭州捷派印务有限公司
开本：787mm×1092mm　1/16
印张：12.75
字数：190千
2024年7月第1版　2024年7月第1次印刷
ISBN 978-7-5514-5024-9
定价：98.00元